МИХАИЛ КРЕПС

Булгаков и Пастернак как романисты

АНАЛИЗ РОМАНОВ
"МАСТЕР И МАРГАРИТА" И "ДОКТОР ЖИВАГО"

михаил крепс

БУЛГАКОВ
и
ПАСТЕРНАК
как романисты

АНАЛИЗ РОМАНОВ

"МАСТЕР И МАРГАРИТА" И "ДОКТОР ЖИВАГО"

Эрмитаж

1984

Михаил Крепс

БУЛГАКОВ И ПАСТЕРНАК КАК РОМАНИСТЫ
Анализ романов ”Мастер и Маргарита” и ”Доктор Живаго”

Michael Kreps

BULGAKOV I PASTERNAK KAK ROMANISTY
Analiz romanov *Master i Margarita* i *Doktor Zhivago*

(”Bulgakov and Pasternak as Novelists.” The Analysis of the Novels
The Master and Margarita and *Doctor Zhivago)*

Copyright © 1984 by Michael Kreps
All rights reserved.

Library of Congress Cataloging Data

```
Kreps, Mikhail.
   Bulgakov i Pasternak kak romanisty.

   Bibliography: p.132
   1. Bulgakov, Mikhail Afanas evich, 1891-1940.
Master i Margarita. 2. Pasternak, Boris Leonidovich,
1890-1960. Doktor Zhivago. I. Title. II. Title:
"Bulgakov and Pasternak as novelists."
PG3476.B78M334  1984      891.73'42'09      84-14257
ISBN 0-938920-55-3
```

Обложка работы А. Коронатова
Cover design by A. Koronatov

Published by HERMITAGE
2269 Shadowood Drive,
Ann Arbor, MI 48104, USA

СОДЕРЖАНИЕ

О МЕТОДЕ ДАННОГО ИССЛЕДОВАНИЯ

Цель автора данной книги — предложить читателю интерпретацию двух романов, вытекающую из их внутритекстовой структуры, т. е. интерпретацию, базирующуюся на данных, полученных из самого текста. Такой подход естественно исключает широкий круг традиционных литературоведческих проблем, которые автор относит к числу внешнетекстовых, как то: почему автор решил написать роман, какими материалами он для этого пользовался, на какие другие произведения русской и зарубежной литературы роман похож или не похож, у каких писателей и философов есть сходные с авторскими темы или мотивы, какие реальные лица стоят или не стоят за героями романа, как отразилась реальная жизнь автора в его произведении, к какому жанру можно или нельзя его причислить, как связан роман с предыдущими произведениями писателя и т. п.

Автор данного исследования хорошо знаком с основными работами о разбираемых романах, но большинство из них посвящено именно тем проблемам, от которых, нисколько не отрицая их литературоведческой ценности, автор отстраняется в силу приверженности к своему методу — внутритекстовой интерпретации. Правда, автор хочет заметить читателю, что от всех этих проблем он будет отстраняться *по возможности*, ибо, при четко осознанной тенденции, считает себя вправе делать в необходимых случаях исключения, при этом, однако, осознавая их как таковые.

По возможности автор также будет уклоняться и от критики чуждых ему точек зрения и интерпретаций — ему представляется более плодотворным выражать свои взгляды, нежели критиковать чужие. К такой позиции автор пришел после долгих колебаний и в результате наличия целого ряда работ, для серьезной полемики с которыми потребовались бы десятки страниц.

В заключение автор хочет выразить признательность профессору университета Беркли Глебу Петровичу Струве, работы которого по обоим романам и личные беседы о них с автором сыграли плодотворную роль и послужили одним из стимулов для написания данной монографии.

ВВЕДЕНИЕ

Эта книга посвящена разбору двух наиболее спорных русских романов двадцатого века — "Доктора Живаго" Бориса Пастернака и "Мастера и Маргариты" Михаила Булгакова.

Романы эти — разные, мало чем похожие друг на друга. Однако написаны они на одну животрепещущую для советской жизни тему — о сохранении художником своей творческой индивидуальности и независимости в сложнейших условиях тоталитарной диктатуры.

Столкновение художника и власти — явление настолько обычное для русской культуры и, в частности, литературы в советское время, что приходится лишь удивляться, что только два романа посвящены этой теме. Фактически это даже не столкновение, а борьба, борьба не на жизнь, а на смерть в буквальном, увы, смысле этого выражения, где возможны лишь два исхода: либо художник жертвует своим талантом ради физического выживания, либо жертвует жизнью (или по крайней мере рискует ею) ради сохранения таланта. Третьего, к сожалению, не дано: компромисс ведет к творческой несвободе, то есть в конечном счете к тому крайне неестественному для певца положению, когда он "становится на горло собственной песне". По этим двум рубрикам: творческая независимость и сдача позиций (конформизм или компромисс) можно расписать всех русских писателей и поэтов от Сологуба до Солженицына. Я здесь, конечно, говорю лишь о художниках, обладавших и обладающих талантом, а не о примазавшихся бездарностях, для которых служба власти — единственный способ безбедного существования в текущей литературе.

С самого начала следует, однако, отметить, что тема художника и тирании решается в обоих романах не декларативно, а художественно; и именно на художественном, а не на политическом или социологическом уровне будет производиться анализ текстов в этой книге, то есть романы будут рассматриваться в первую очередь как романы, а не как косвенные свидетельства общественных и политических событий, которые в них отразились.

В чем-то сходна и судьба романов — ни тот, ни другой не были опубликованы на родине при жизни автора. Книга "Мастер и Маргарита", законченная в 1939 году, стала доступна читателям лишь в 1967 году, то есть через 28 лет; "Доктор Живаго", написанный в 1955 году, до сих пор запрещен в СССР и когда его разрешат — неизвестно. Мы не располагаем никакими данными, свидетельствующими о том, знаком ли был Пастернак с романом Булгакова в рукописи или нет, однако вполне ясно одно — никакой зависимости текстуальной или идейной от "Мастера и Маргариты" в "Докторе Живаго" не обнаруживается — это и ценно, ибо свидетельствует о независимом выборе и решении сходной темы, равно волновавшей обоих. Но и в этом нет ничего удивительного — ведь Булгаков и Пастернак были не только современниками, но и представителями одного поколения: первый родился в 1891 году, второй — в 1890. Лишь жизни их сложились по-разному, и продолжительность их — разная, да и романы по написанию отстоят один от другого на 16 лет.

Впрочем, если говорить о близости романов, то, кроме общей темы, есть между ними еще одна сходная черта — в сюжетосложении: и в том, и в другом романе говорится не только о художнике (писателе и поэте соответственно), но и дается конкретный продукт его таланта — в одном случае проза, в другом — поэзия, и то и другое — высшей пробы. Так что читателю не приходится сомневаться в правоте художника — за него говорит его творчество.

И наконец третья, может быть, главная сходная черта обоих романов — христианская этика и миропонимание, на фоне которых рассматриваются все герои и все события, оцениваются все поступки и все высказывания. Несомненно, что христианство как Булгакова, так и Пастернака — христианство особое, в чем-то отличное от традиционного, догматического, но это все же без сомнения христианство. О его характере и различиях (у каждого оригинальных, своих) — речь впереди.

В заключение — о последовательности разбора. Мы решили нарушить традиционный (и вполне закономерный) хронологический принцип и начать не с "Мастера и Маргариты", а с "Доктора Живаго". Это нарушение мы попытаемся оправдать не хронологией написания, а хронологией появления — подход, с точки зрения психологии читательского восприятия, вполне нормальный, да и для литературоведа в этом исключительном случае приемлемый — ведь мы можем говорить о влияниях, преемственности и общественной значимости романа лишь после его появления, за исключением тех редких случаев, когда роман становится известен кому-либо из литературных последователей в рукописи. Если же читатель не удовольствуется такой произвольной хронологией — пусть начнет с разбора "Мастера и Маргариты", а потом вернется к первой части, тем более, что анализ каждого из романов внутренне независим, целостен и замкнут, — это, скорей, не сравнение, а соположение двух текстов. Сравнительная часть в чистом виде появляется лишь как итог разбора двух романов в конце книги и названа "заключением".

Итак, как говорил Булгаков, "за мной, читатель!"

"ДОКТОР ЖИВАГО"

ХРИСТИАНСТВО И РЕВОЛЮЦИЯ

СВОЕОБРАЗИЕ РОМАНА

Роману Пастернака "Доктор Живаго" не повезло в том смысле, что его так и не удосужились рассмотреть как произведение художественное. На родине роман был заклеймен как политический пасквиль, за границей он получил шумное признание как произведение, разоблачающее и осуждающее русскую революцию, Нобелевская премия, присужденная Пастернаку Шведской академией, рассматривалась многими как акт скорее политический, нежели культурный, знаменующий поощрение наиболее талантливого писателя мира, выпуск на экраны банального фильма и нашумевшее "дело Пастернака" надолго привлекли внимание падкого до сенсаций массового читателя, так и не удосужившегося прочитать сам роман.

Критики же, пытавшиеся рассмотреть в чистом виде художественную сторону романа, нередко приходили к негативной его оценке как произведения слабого, плохо организованного, тематически пестрого и в фабульном отношении мало правдоподобного.[1]

Такая оценка неизбежно происходила оттого, что критики брали за идеальный эталон художественности психологический реализм девятнадцатого века, реализм Бальзака, Стендаля, Достоевского и Толстого и на его фоне рассматривали роман Пастернака. В принципе делать это можно, но едва ли нужно, в том смысле, что результаты, полученные от такого сравнения, вряд ли что-либо прояснят в пастернаковском творчестве — с одинаковым успехом можно сравнивать мастеров голландской живописи 17 века с импрессионистами: мы обнаружим громадную разницу во всем и только. Оценочный же вывод о художественности: "лучше/хуже", якобы вытекающий из такого сравнения, целиком неправомерен, как неправомерна оценка сравнения квадрата с кругом на предмет большей геометрической стройности.

С первых же страниц разбора необходимо отметить, что роман Пастернака был сознательно создан как новаторский прежде всего по форме и по способу художественного выражения, иначе говоря, путем сознательного отталкивания от всех и всяческих стереотипов прежней литературной практики.[2]

Действительно, дочитав роман до конца, мы так и не можем ответить на такой в других случаях несложный вопрос: какого писателя (или писателей) автор выбрал себе в качестве эталона, или кумира, или соперника, ибо во всем, от языка до сюжета, роман Пастернака оригинален, не таков, как все, особенен, не похож ни на что.

Оригинальность романа прежде всего проявляется в его структурном построении, где обнаруживаются приемы скорей не литературы, а кинематографии — основным способом организации художественного материала является монтаж, сопологающий и объединяющий внутренним настроением разные, порой абсолютно независимые, сцены-кадры и части-эпизоды. Способ представления динамичен — он все время меняется: показ перебивается рассказом, рассказ — спором. Пожалуй, эти три способа повествования — сцена, рассказ, диалог — и являются основными формообразующими приемами романа. При этом художественное время не равно реальному — оно то вытягивается, то неимоверно сплющивается: например, в самом начале сцена на кладбище, отражающая около получаса реального времени, по тексту равна сцене третьей, в которой охватывается почти вся сознательная детская жизнь Юры порядка семи-восьми лет. (В этой части говорится об отце Юры, растратившем миллионное состояние, о том, что раньше Юра жил в Москве, где многие вещи носили имя Живаго, о болезни матери, о двух поездках за границу — на юг Франции и в Северную Италию, и о многом другом.)

Необычная структурная организация романа диктуется самим его замыслом: показать главного героя не только во взаимоотношениях с людьми, но и с временем — с революционной эпохой, накладывающей неизгладимый отпечаток на живущих в ней. Отсюда и принципиальная открытость сюжета, необычная для замкнутого жанра романа:

зачастую текст представляет мозаику эпизодов, имеющих лишь косвенную связь с главной фабулой и, главное, эпизодов вполне законченных и независимых. Вполне законченными, имеющими свой интерес маленькими повествованиями могли бы являться, например, рассказы о том, как Тиверзин защитил маленького татарчонка Юсупку от побоев мастера Худолеева, рассказ об убийстве Гинца, разговор Живаго в поезде с глухонемым охотником, о матросе, не заплатившем за молоко и пироги, о ссоре Огрызковой и Тягуновой, рассказ про кузнеца Вакха, размышления Галузиной, рассказ о спасении Сережи Ранцевича, целая повесть о Памфиле Палых, сценка заговора Кубарихой больной коровы, сцена в парикмахерской и тому подобные эпизоды. Тем не менее зачастую эта открытость романа компенсируется внутренней тайной связью, как и в жизни не всегда ясной и проявляющейся далеко не сразу как для героев, так и для читателей. В этом — еще одна оригинальная черта романа, фабула которого строится не на знакомстве героев и дальнейшем развитии их отношений, а на скрещивании в какой-то будущей временной точке (точках) параллельно и независимо развивающихся судеб. С точки зрения критиков, считающих вершиной художественности реализм 19 века, эти знаменитые пастернаковские совпадения — "судьбы скрещенья" — недостаток романа — примитивизм и искусственность его построения, с точки же зрения всей живаговской философии провидения — это естественное реальное движение жизни — просто мы не знаем и не догадываемся о том, в каком направлении движется наша судьба и под каким углом она находится по отношению к другим судьбам и в каком месте она пересечет другую — об этом знает только Бог или всезнающий автор, вскрывающий для читателей истинную природу существования. Поэтому-то и нет в книге банальных литературных (а потому и считающихся жизненными и реалистическими) встреч и знакомств персонажей, выбранных автором для развития дальнейших отношений; у Пастернака все готовится исподволь, ненарочито и даже вопреки задуманному литературному сюжету.

Именно тем роман и близок жизни, что герой (а с ним и читатель) при встрече с тем или иным персонажем не знает, важна для его судьбы эта встреча или не важна, встретится этот человек на его жизненном пути еще раз или нет, во что выльются те или иные с ним отношения, с точки зрения данного момента зачастую весьма поверхностные. Автор, со своей стороны, никак не помогает читателю разобраться с самого начала в том, что будет важно, а что — неважно, — черта романа, довольно редкая для данного жанра.

Такой принцип организации художественного материала держит читателя в постоянном напряжении, заставляя его размышлять не столько о будущем героев (как почти во всех романах), сколько об их прошлом, каждый раз заново обдумывая его, оценивая и переоценивая с новых позиций текущего момента — каждый новый шаг в будущее как бы высветляет прошлое, придает ему новые контуры и формы, изменяет его историческое и психологическое содержание.

Характернейшей отличительной чертой романа является наличие в нем кроме главного героя Юрия Живаго еще одного не менее важного героя — времени, которое, однако, отображается не через внешние, обобщенные реально-исторические события, как это делается во многих исторических романах, в чем-то напоминающих интересно написанные учебники истории, а через глубинные ощущения героев и события местного значения, свидетелями которых они являются: история страны как бы дается целиком изнутри. Действительно, в романе не фигурирует ни одно реально-историческое лицо будь то поэт, художник, военачальник или политический лидер, не упомянуто ни одно событие, считающееся более или менее кардинальным с исторической точки зрения. Иными словами, история времени передается исключительно через личный жизненный опыт героев и ни разу не выходит за его рамки. Этим достигается высшая, подтвержденная личным участием историческая достоверность, в противовес банальной, безликой, увиденной с птичьего полета обобщенной газетной фактографии. Наблюдение жизни "со своей колокольни" становится не пороком, а единственным способом пропустить эпоху через индивидуальное сознание, в котором нет вообще красных, а есть Павел Антипов, Ливерий Микулицын и Памфил Палых, нет вообще дворян или имущего класса, а есть Свентицкие, Кологривовы, Живаго и Громеко. Поэтому-то и герои Пастренака — личности, сами делающие выводы и осмысливающие текущую действительность, а не послушная толпа — замятинские "мы", принимающие все, что диктуется им лидерами, стоящими в данный момент у власти. В этом и раскрывается главная тематическая сторона романа — борьба человека за свою индивидуальность против превращения его в общественное животное, борьба за свободу личных оценок и мнений, борьба за свое отличное от других и неповторимое Я.

История жизни героя романа Юрия Живаго — яркое свидетельство такой борьбы, закончившейся победой человека над временем.

НАСИЛИЕ И СВОБОДА

Схематически в самом отвлеченном виде философскую проблематику романа можно определить как конфликт христианской морали с моралью революционной. Носителем первой выступает в первую очередь сам Юрий Живаго, носителем второй — революционная эпоха и все те силы, которые ее поддерживают.

Сразу же следует отметить, что христианские идеи, которыми пронизан весь роман, несколько отличаются от привычных христианских проповедей и откровений. Это христианство особое, знаменующее в философском плане развитие некоторых его идей о взаимоотношениях личности и общества и о роли личности в истории; иными словами, христианство понимается не как набор раз и навсегда данных застывших заповедей и догм, а как живое, вечно находящееся в движении осознание человеком мира в поисках истины. Такое понимание христианства как жизненной философии оставляет без внимания традиционную обрядовую его сторону как несущественную: христианином считается не тот человек, который ходит в церковь, бьет поклоны, постится и соблюдает заповеди, а тот, кто впитал в себя само существо христианской идеи — новое отношение к миру и человеку. Поэтому и духовным наставником Юрия Живаго и его круга молодежи является его дядя, Николай Николаевич Веденяпин, христианский философ, порвавший с официальной религией именно в силу того, что вместо проповеди духовности, она была в основном нацелена на проповедь соблюдения обрядности, мелочность и обиходность которой неизбежно заслоняла от верующих саму живую суть философии христианства. Ведь требование дотошного соблюдения обрядности — это насилие над человеческой волей, столь чуждое христианству в понимании Веденяпина, ибо не принуждение (не палка) могут заставить человека изменить свое отношение к миру, а красота человеческой жертвы во имя любви. Отсюда идет и коренное разногласие Веденяпина и официальной церкви в толковании Евангелия, выраженное в следующем его высказывании:

...Я думаю, что если бы дремлющего в человеке зверя можно было остановить каталажками или угрозою загробного воздаяния, все равно, высшею эмблемою человечества был бы цирковой укротитель с хлыстом, а не жертвующий собою проповедник. Но в том-то и дело, что человека столетиями поднимала над животным и уносила ввысь не палка, а музыка: неотразимость безоружной истины, притягательность ее примера. До сих пор считалось, что самое важное в Евангелии нравственные изречения и правила, заключенные в заповедях, а для меня самое главное то, что Христос говорит притчами из быта, поясняя истину светом повседневности. В основе этого лежит мысль, что общение между смертными бессмертно и что жизнь символична, потому что она значительна.[3] (42)

Главной заслугой христианства Веденяпин считает не только то, что оно дало человеку мироощущение, основанное на любви к ближнему и отсутствии страха смерти, но и, главное, выделило его из стада, позволило каждому члену общества осознать себя личностью. Материализм, двигавший стада людей, народы, вечно враждовавшие между собой, сменился духовностью, в основе которой лежала любовь и свободное общение личностей; вместо понятия "народ" средоточием духовности и носителем моральных весов стал отдельный человек. Именно в этом видит Веденяпин отличие древнего стадного, построенного на принуждении общественного сознания, нашедшего высшее выражение в Римской империи, от нового личностного сознания, принявшего добровольно любовь и взаимную ответственность критериями общего дела — жизни, сознания, родившегося в людях с приходом Христа и прежде всего Христа-человека, а не Христа-Бога:

Этот древний мир кончился в Риме от перенаселения. Рим был толкучкою заимствованных богов и завоеванных народов, давкою в два яруса, на земле и на небе, свинством, захлестнувшимся вокруг себя тройным узлом, как заворот кишок. Даки, герулы, скифы, сарматы, гиперборейцы, тяжелые колеса без спиц, заплывшие от жира глаза, скотоложество, двойные подбородки, кормление рыбы мясом образованных рабов, неграмотные императоры. Людей на свете было больше, чем когда-либо впоследствии, и они были сдавлены в проходах колизея и страдали. И вот в завал этой мраморной и золотой безвкусицы пришел этот легкий и одетый в сияние, подчеркнуто человеческий, намеренно провинциальный, галилейский, и с этой минуты народы и боги прекратились и начался человек, человек-плотник, человек-пахарь, человек-пастух в стаде овец на заходе солнца, человек, ни капельки не звучащий гордо, человек, благодарно разнесенный по всем колыбельным песням матерей и по всем картинным галереям мира. (43-44)

Веденяпин считает, что народ, национальное сознание, национализм как таковой в любой форме — есть старый обветшавший вид жизни, сменившийся с приходом Христа новым видом — сознанием общечеловеческим, вненациональным. Эти мысли Веденяпина получают дальнейшее развитие в разговоре его учеников Юры Живаго и Миши Гордона, поводом для которого послужила сцена издевательства казака над старым евреем. Гордон, один из духовных учеников Веденяпина, сначала начинает говорить о сущности понятия "народ" вообще, а потом переходит к проблеме еврейского народа. Мысли Веденяпина получают четкую, хорошо выраженную форму, старое понятие "народ" сопоставляется с новыми, осознанными в христианском ключе понятиями "всенародность" и "личность":

Что такое народ? — спрашиваешь ты. — Надо ли нянчиться с ним, и не больше ли делает для него тот, кто не думая о нем, самою красотой и торжеством своих дел увлекает его за собой во всенародность и, прославив, увековечивает? Ну, конечно, конечно. Да и о каких народах может быть речь в христианское время? Ведь это не просто народы, а обращенные, претворенные народы, и все дело именно в превращении, а не в верности старым основаниям. Вспомним Евангелие. Что

11

оно говорило на эту тему? Во-первых, оно не было утверждением: так-то, мол, и так-то. Оно было предложением наивным и несмелым. Оно предлагало: хотите существовать по-новому, как не бывало, хотите блаженства духа? И все приняли предложение, захваченные на тысячелетия.

Когда оно говорило, в Царстве Божием нет эллина и иудея, только ли оно хотело сказать, что перед Богом все равны? Нет, для этого оно не требовалось, это знали до него философы Греции, римские моралисты, пророки Ветхого Завета. Но оно говорило: в том, сердцем задуманном, новом способе существования и новом виде общения, которое называется Царством Божиим, нет народов, есть личности. (124-125)

Трагедию еврейского народа Гордон видит именно в том, что идея национального, а не общечеловеческого самосознания, была положена в основу всего его существования. Евреи — поразительный пример стойкости национального духа, народ, сумевший пронести свою особую национальную и духовную сущность сквозь века в почти нетронутом виде, для Гордона — самое высшее воплощение идеи национализма. В этом плане для любых националистов и национальных фанатиков еврейский народ — лучший пример, достойный подражания. Здесь, конечно, речь идет не о сохранении национального в языке, культуре и быте, а о категорическом неприятии общечеловеческого, как эталона жизни. Ведь, в сущности, в жизни любого народа национализм не менее важен, чем у евреев, в этом они мало чем отличаются от других, но если другие народы находятся, так сказать, в доопытном состоянии по отношению к идее общечеловеческого, евреи породили ее и сами же отвергли, то есть, создав, отклонили ее как недействующую, утопическую. То, что это народ малый, зависимый и угнетенный, только способствует поэтизации его героического примера. Философию любого националиста в этом плане можно свести к формуле: давайте брать пример с евреев. Гордон противопоставляет в своем разговоре с Живаго народолюбие, воплощенное в подвиге еврейского народа, и человеколюбие — вершину христианского идеализма. Первое для Гордона — банально и посредственно, второе — идеально и возвышенно. Истинное блаженство наступит только тогда, когда народы (любые и все) прекратят существование в рамках национального самосознания и объединятся философией общечеловеческой, философией добра и сердечного общения:

И мы говорили о средних деятелях, ничего не имеющих сказать жизни и миру в целом, о второразрядных силах, заинтересованных в узости, в том, чтобы все время была речь о каком-нибудь народе, предпочтительно малом, чтобы он страдал, чтобы можно было судить и рядить и наживаться на жалости. Полная и безраздельная жертва этой стихии — еврейство. Национальной мыслью возложена на него мертвящая необходимость быть и оставаться народом и только народом в течение веков, в которые силою, вышедшей некогда из его рядов, весь мир избавлен от этой принижающей задачи. Как это поразительно! Как это могло случиться? Этот праздник, это избавление от чертовщины посредственности, этот взлет над скудоумием будней, все это родилось на их земле, говорило на их языке и принадлежало к их племени. И они видели и слышали это и это упустили? Как могли они дать уйти из себя душе такой поглощающей красоты и силы, как могли думать, что рядом с ее торжеством и воцарением они останутся в виде пустой оболочки этого чуда, им однажды сброшенной. В чьих выгодах это добровольное мученичество, кому нужно, чтобы веками покрывалось осмеянием и истекало кровью столько ни в чем неповинных стариков, женщин и детей, таких тонких и способных к добру и сердечному общению! Отчего так лениво бездарны пишущие народолюбцы всех народностей? Отчего властители дум этого народа не пошли дальше слишком легко дающихся форм мировой скорби и иронизирующей мудрости? Отчего, рискуя разорваться от неотменимости своего долга, как рвутся от давления паровые котлы, не распустили они этого, неизвестно за что борющегося и за что избиваемо-

го отряда? Отчего не сказали: "Опомнитесь. Довольно. Больше не надо. Не называйтесь, как
раньше. Не сбивайтесь в кучу, разойдитесь. Будь-
те со всеми. Вы первые и лучшие христиане мира.
Вы именно то, чему вас противопоставляли самые худшие и слабые из вас".[4] (125-26)

Необходимо здесь вывести квинтэссенцию веденяпин-
ского христианства, проявляющуюся в двух основных его
посылках: общечеловечность и добровольность. Теперь
нам будет легче рассмотреть отношение Живаго и круга
его единомышленников к революции.

Идея революционного преобразования общества, как
известно, зародилась и созрела не в среде рабочих и крестьян, а у лучших, честнейших и моральнейших представителей дворянского класса, осознавших безнравственность
своего привилегированного положения, основанного на
эксплуатации чужого труда, и постоянно испытывавших
чувство вины по отношению к угнетенным братьям —
своему народу. Несправедливость старого строя осознава-
лась многими представителями просвещенных классов —
недаром к началу века в первых рядах борцов за справедливость выступало студенчество — образованное молодое
поколение, не желавшее ассоциировать себя с отцами и их
греховным наследием. Это студенчество начала века отчасти и представлено кругом Живаго и его друзей, если и
не принимавших непосредственного участия в молодежных
волнениях, то в моральном плане бывших целиком на их
стороне. Во многом будущая революция представлялась
этому кругу и христианским делом по совпадению основных лозунгов, долженствующих привести к справедливости и торжеству истины: свобода, равенство, братство.
Отсюда и та восторженность, с которой молодые люди и,
в частности, Юрий Живаго поначалу приветствовали революцию:

— Какая великолепная хирургия! Взять и разом
артистически вырезать старые вонючие язвы!
Простой, без обиняков, приговор вековой несправедливости, привыкшей, чтобы ей кланялись,
расшаркивались перед ней и приседали.
В том, что это так без страха доведено до кон-

ца, есть что-то национально-близкое, издавна зна́-
комое. Что-то от безоговорочной светоносности
Пушкина, от невиляющей верности фактам
Толстого. (198)

И далее:

— Главное, что гениально? Если бы кому-
нибудь задали задачу создать новый мир, начать
новое летоисчисление, он бы обязательно нуждал-
ся в том, чтобы ему сперва очистили соответству-
ющее место. Он бы ждал, чтобы сначала кончи-
лись старые века, прежде чем он приступит к
постройке новых, ему нужно было бы круглое
число, красная строка, неисписанная страница.
А тут, нате пожалуйста. Это небывалое, это чудо
истории, это откровение ахнуло в самую гущу
продолжающейся обыденщины, без внимания
к ее ходу. Оно начато не с начала, а с середины,
без наперед подобранных сроков, в первые под-
вернувшиеся будни, в самый разгар курсирую-
щих по городу трамваев. Это всего гениальнее.
Так неуместно и несвоевременно только самое
великое. (198-99)

Подобные же восторженные мысли о революции, как об
общем христианском деле, были выражены Юрием Живаго
ранее в разговоре с Ларой:

Вы подумайте, какое сейчас время! И мы с вами живем в эти дни! Ведь только раз в вечность
случается такая небывальщина. Подумайте: со
всей России сорвало крышу, и мы со всем народом очутились под открытым небом. И некому
за нами подглядывать. Свобода! Настоящая, не
на словах и в требованиях, а с неба свалившаяся,
сверх ожидания. Свобода по нечаянности, по не-
доразумению.
И как все растерянно-огромны! Вы заметили?
Как будто каждый подавлен самим собою, своим открывшимся богатырством.
...Сдвинулась Русь матушка, не стоится ей на

месте, ходит, не находится, говорит, не наговорится. И не то, чтоб говорили одни только люди. Сошлись и собеседуют звезды и деревья, философствуют ночные цветы и митингуют каменные здания. Что-то евангельское, неправда ли? Как во времена апостолов. Помните, у Павла? "Говорите языками и пророчествуйте. Молитесь о даре истолкования". ...

— Половину сделала война, остальное довершила революция. Война была искусственным перерывом жизни, точно существование можно на время отсрочить (какая бессмыслица!). Революция вырвалась против воли, как слишком задержанный вздох. Каждый ожил, переродился, у всех превращения, перевороты. Можно было бы сказать: с каждым случилось по две революции, одна своя, личная, а другая общая. Мне кажется, социализм это море, в которое должны ручьями влиться все эти свои, отдельные революции, море жизни, море самобытности. Море жизни, сказал я, той жизни, которую можно видеть на картинах, жизни гениализированной, жизни, творчески обогащенной. Но теперь люди решили испытать ее не в книгах, а на себе, не в отвлечении, а на практике. ...

— В эти дни так тянет жить честно и производительно! Так хочется быть частью общего одушевления! (147-48)

Однако очень скоро Живаго постигает разочарование, ибо он обнаруживает в русской революции черты и идеи, абсолютно чуждые его христианскому мировосприятию. Кровь, насилие, принуждение, ограничение свободы мысли и слова, бескрылые трескучие фразы, фанатизм революционной диктатуры не уживаются в его сознании с добром, которое должна была нести революция, рожденная мечтой студентов-идеалистов. В его мыслях о революции происходит разлад, старое восторженное отношение к ней еще не утрачено, но уже четко осознается нетождественность идеального реальному — нетождественность революции идеализированной, умозрительной — революции реальной, кровавой. Эти мысли Живаго распадаются на два круга.

Первый круг еще трактует революцию в привычных старых терминах:

> Верность революции и восхищение ею были тоже в этом круге. Это была революция в том смысле, в каком принимали ее средние классы, и в том понимании, какое придавала ей учащаяся молодежь девятьсот пятого года, поклонявшаяся Блоку. (162)

Новый круг мыслей движется в совершенно ином направлении. Толчком к нему служит то новое, что неожиданно ворвалось в жизнь и нарушило все ее прежние устои:

> ...Таким новым была революция, не по-университетски идеализированная под девятьсот пятый год, а эта, нынешняя, из войны родившаяся, кровавая, ни с чем не считающаяся солдатская революция, направляемая знатоками этой стихии, большевиками. (163)

Крайне важно отметить, что для Юрия Живаго главное — понять сущность нового режима и определить свое отношение к нему прежде всего в философском плане. Духовный мир Живаго не зависит от внешних потрясений, сами по себе они не могут насильно изменить его взгляды, перемена возможна только изнутри, и может явиться исключительно в результате добровольного пересмотра собственных убеждений. Ни о каких попытках приспособиться к новому строю и новой психологии речь для Юрия не идет, хотя он замечает, что все вокруг только этим и заняты, даже его друзья, в которых он видит разительную перемену. Большинство людей, окружающих Живаго, с победой революции утратило способность быть личностями, общественное сознание засосало их целиком. Юрия поражает неестественность такого положения, фальшь самой постановки вопроса, требующей безоговорочного единомыслия, долженствующего возникнуть как по мановению волшебной палочки, а с этим и фальшь людей, надевающих маску такого единомыслия, ибо оно идет в разрез с их истинными взглядами. Поэтому-то Юрию в то время люди представляются артистами, натянувшими чужую личину и играющими какую-то нелепую роль. Эти мысли Живаго отражены в журнале, который он вел в те дни, в журнале, не представленном читателю всезнающим автором, но охарактеризованном им в следующих словах:

> Иногда урывками, кроме периодических записей для своих медицинских трудов, он писал здесь свою "Игру в людей", мрачный дневник или журнал тех дней, состоявший из прозы, стихов и всякой всячины, внушенной сознанием, что половина людей перестала быть собой и неизвестно что разыгрывает. (188)

"Перестать быть собой" — фраза, характеризующая для Юрия Живаго потерю человеком своей индивидуальности, духовной и нравственной независимости — самую страшную, с его точки зрения, потерю для человека. Революция и есть та грозная сила, которая заставляет людей "перестать быть собой" и не только людей живаговского круга, но и все слои населения России: потеря себя как личности, деградация, демонстрируется в романе на многих примерах ломки личных судеб как среди бывших власть имущих, так и среди рабочих и крестьян.

Пытаясь разобраться в новом страхе и в своих чувствах, Живаго не спешит присоединиться к той или другой стороне и поэтому, с точки зрения обеих групп, остается неприсоединившимся, то есть нигде не признается за "своего":

> Умеренным, тупоумие которых возмущало доктора, он казался опасным, людям, политически ушедшим далеко, недостаточно красным. Так очутился он ни в тех, ни в сих, от одного отстал, к другому не пристал. (187)

Мерилом духовного мира Живаго является истина, а не польза, тем более польза личная. Осознание чуждости нового режима не толкает его по инерции в ряды оппозиции, ибо в своем конкретном кругу городских врачей он находит то же двоедушие и фарисейство, что и у присоединившихся к революционной идеологии. Гражданственность врачей является лишь красивой позой, маской, скрывающей истинные причины их бойкота — недовольство низкой оплатой труда. Но не само решение врачей прекратить работу не по вкусу Юрию, а попытка выдать одно за другое, проявляющая их криводушие. Живаго принципиально отмежевывается от них и решает продолжать работу в больнице:

> Крестовоздвиженская больница теперь называлась Второй преобразованной. В ней произошли перемены. Часть персонала уволили, а многие ушли сами, найдя, что им служить невыгодно. Это были хорошо зарабатывающие доктора с модной практикой, баловни света, фразеры и краснобаи. Свой уход по корыстным соображениям они не преминули выдать за демонстративный, по мотивам гражданственности, и стали относиться пренебрежительно к оставшимся, чуть ли не бойкотировать их. В числе последних был и Живаго. (200)

И далее:

> ...Сами, черти, ушли на лучший паек, а теперь, оказывается, это были гражданские чувства, принципиальность. Встречают, едва руку подают. ”Вы у них служите?” И подымают брови. ”Служу, — говорю, — прошу не прогневаться: нашими лишениями я горжусь, и людей, которые делают нам честь, возлагая их на нас, уважаю”. (200—201)

Юрий замечает, что в этот период неустойчивых общественных отношений многие люди теряют свой внутренний мир, перестают жить своими мыслями и убеждениями, стадная идеология захлестывает их сознание, не оставляя места для индивидуального мышления. Эта потеря ориентации становится характерной как для борцов за новое, так и для приверженцев старого. В первую очередь такая перемена замечается Юрием среди его личных друзей и представителей его класса:

Странно потускнели и обесцветились друзья. Ни у кого не осталось своего мира, своего мнения. Они были гораздо ярче в его воспоминаниях. Повидимому, он раньше их переоценивал.

Пока порядок вещей позволял обеспеченным блажить и чудесить на счет необеспеченных, как легко было принять за настоящее лицо и самобытность эту блажь и право на праздность, которыми пользовалось меньшинство, пока большинство терпело!

Но едва лишь поднялись низы, и льготы верхов были отменены, как быстро все полиняли, как без сожаления расстались с самостоятельной мыслью, которой ни у кого, видно, не бывало! (177)

Революция наносит и непоправимый вред всем другим слоям русского общества, невольно втянутым в нее. Люди, оторванные от своих привычных дел и забот и вовлеченные в чуждую их сознанию борьбу за идеи, которые они не вполне понимают, деклассируются и постепенно теряют моральные и духовные критерии, которыми они раньше руководствовались. Демонстрируя такое положение дел, Пастернак (и это принцип всего художественного построения романа) идет от частной единичной судьбы к общему, а не наоборот, исторические события романа не декларируются, а складываются в сознании читателя посредством размышлений об отдельных судьбах отдельных персонажей, судьбах, явившихся следствием одного и того же исторического явления; складывая эти маленькие и зачастую независимые друг от друга кирпичики судеб, писатель возводит общее универсальное здание времени.

Вот, например, судьба рабочего Тарасюка, мастера на все руки, ранее работавшего в больнице, где сейчас служит Живаго. Один из коллег Юрия, прозектор, хорошо знавший Тарасюка, характеризует его следующим образом: "Золотой был человек. И сапоги починит. И часы. И все сделает. И все на свете достанет". Теперь же Тарасюк стал одним из активнейших борцов за новую жизнь. Прозектор, рассказывая о Тарасюке, пытается на его примере понять судьбу всех лучших русских людей России, оторванных от своего любимого дела; при этом вся сущность участия рабочих в войне и революции предстает в совершенно ином свете, чем это делается революционной пропагандой:

...А хотите знать разгадку? Тарасюка, например? Слушайте. Это мастер на все руки. Ничего не может делать плохо. За что ни возьмется, дело в руках горит. То же самое случилось с ним на войне. Изучил и ее, как всякое ремесло. Оказался чудным стрелком. В окопах, в секрете. Глаз, рука — первый сорт! Все знаки отличия не за лихость, а за бой без промаха. Ну. Всякое дело становится у него страстью. Полюбил и военное. Видит, оружие это сила, вывозит его. Самому захотелось стать силою. Вооруженный человек это уже не просто человек. В старину такие шли из стрельцов в разбойники. Отыми у него теперь винтовку, попробуй. И вдруг подоспевает клич: "Повернуть штык" и так далее. Он и повернул. Вот вам и весь сказ. И весь марксизм. (189—190)

Так же как рабочих, революция выбила из колеи крестьян. Показательны в этом смысле рассуждения часового из крестьян на станции Юрятин, сопровождающего доктора к поезду:

— Установилась погода. Яровые сеять, овес, белотурку или, скажем, просо, самое золотое время. А гречиху рано. Гречиху у нас на Акулину сеют. Моршанские мы, Тамбовской губернии, нездешние. Эх, товарищ доктор! Кабы сейчас не эта гидра гражданская, мировая контра, нешто я стал бы в такую пору на чужой стороне пропадать? Черной кошкой классовою она промеж нас пробежала, и вишь, что делает! (264)

Несколькими главами раньше в части седьмой первого тома ("В дороге") положение крестьян и их отношение к власти раскрывается в словах кооператора Костоеда-Амурского:

...Отъезжайте на сто верст в сторону от полотна. Всюду непрекращающиеся крестьянские восстания. Против кого, спросите вы? Против белых и против красных, смотря по тому, чья власть утвердилась. Вы скажете, ага, мужик враг всякого порядка, он сам не знает, чего хочет. Извините, погодите торжествовать. Он знает это лучше вас, но хочет он совсем не того, что мы с вами. Когда революция пробудила его, он решил, что сбывается его вековой сон о жизни особняком, об анархическом хуторском существовании трудами рук своих, без зависимости со стороны и обязательств кому бы то ни было. А он из тисков старой, свергнутой государственности попал еще в более узкие шоры нового революционного сверхгосударства. И вот деревня мечется и нигде не находит покоя. (228)

Это развращение крестьянина войной и революционной пропагандой хорошо видно на примере судьбы Памфила Палых. В первый раз он упоминается мимоходом во внутреннем монологе Галузиной, в котором она сравнивает теперешнюю городскую жизнь с деревенской:

А все-таки то ли дело наша родня деревенская? Селитвины, Шелабурины, Памфил Палых, братья Нестор и Панкрат Модых? Своя рука владыка, себе головы, хозяева. Дворы по тракту новые, залюбуешься. Десятин по пятнадцать засева у каждого, лошади, овцы, коровы, свиньи. Хлеба запасено вперед года на три. Инвентарь — загляденье. Уборочные машины. Перед ними Колчак лебезит, к себе зазывает, комиссары в лесное ополчение сманивают. С войны пришли в георгиях, и сразу нарасхват в инструктора. Хушь ты с погонами, хушь без погон. Коли ты человек знающий, везде на тебя спрос. Не пропадешь. (322)

И вот этого хозяйственного и талантливого мужика война вырывает из родной стихии, и он проникается ненавистью к тем образованным классам, городским, по милости которых он оторван от земли и семьи. Эта ненависть и приводит его в ряды красных партизан. Вот как комментирует Пастернак, выражающий точку зрения своего героя Живаго, типичность судьбы Памфила:

> В начале революции, когда по примеру девятьсот пятого года опасались, что и на этот раз революция будет кратковременным событием в истории просвещенных верхов, а глубоких низов не коснется и в них не упрочится, народ всеми силами старались распропагандировать, революционизировать, переполошить, взбаламутить и разъярить.
>
> В эти первые дни люди, как солдат Памфил Палых, без всякой агитации, лютой озверелой ненавистью ненавидевшие интеллигентов, бар, офицерство, казались редкими находками восторженным левым интеллигентам и были в страшной цене. Их бесчеловечность представлялась чудом классовой сознательности, их варварство — образцом пролетарской твердости и революционного инстинкта. (359)

И, наконец, Юрий Живаго понял психологию и скрытые пружины, управляющие действиями застрельщиков революции — большевиков, понял, что в процессе борьбы в них остается все меньше и меньше человеческого, сердечного; живая жизнь постепенно вытесняется в их сознании голой схемой, борьба за светлые идеи перерождается в безжалостный фанатизм, высшая по христианству человеческая добродетель — милосердие или сострадание, — в которой и заключается "любовь к ближнему", уступает место в их душах черствости и жестокости, причем сам акт жестокости перестает быть результатом личного решения, так как он есть акт узаконенный, одобренный общей безликой революционной практикой, акт общепринятый, а потому и не мучающий сознания, не вызывающий угрызений совести, ибо так делают все. Однако, жестокость есть зло, оно и способствует превращению борцов за справедливое дело в садистов. Такое превращение происходит почти со всеми революционерами в романе. Вот, например, какими мы видим Антипова и Тиверзина на собрании революционеров в одном из сел сибирского тракта:

Для почетных гостей были расставлены стулья. Их занимали три-четыре человека рабочих, старые участники первой революции, среди них угрюмый, изменившийся Тиверзин и всегда поддакивавший друг его, старик Антипов. Сопричисленные к божественному разряду, к ногам которого революция положила все дары свои и жертвы, они сидели молчаливыми, строгими истуканами, из которых политическая спесь вытравила все живое, человеческое. (327)

Вспомним, что это тот самый дорожный мастер Тиверзин, который защитил подмастерье — татарчонка Юсупку — от побоев Худолеева.

Вырождение человеческого у второго персонажа этого отрывка — старика Антипова, отца Стрельникова — достигает высшей точки — ради идеи (при этом крайне искаженно понятой как верность любому приказу партии без попытки разобраться в том, справедлив или абсурден этот приказ) он готов уничтожить своего собственного сына, отдавшего всего себя революционному делу. Во всяком случае, так чувствует Лара. Мысли эти высказаны в беседе с Юрием среди других очень верных соображений о сущности новой власти, поэтому целесообразно привести эту часть рассуждений Лары целиком:

...Насколько я заметила, каждое водворение этой молодой власти проходит через несколько этапов. В начале это торжество разума, критический дух, борьба с предрассудками.

Потом наступает второй период. Получают перевес темные силы "примазавшихся", притворно сочувствующих. Растут подозрительность, доносы, интриги, ненавистничество. И ты прав, мы находимся в начале второй фазы.

За примером далеко ходить не приходится. Сюда в коллегию ревтрибунала перевели из Ходатского двух старых политкаторжан, из рабочих, некоего Тиверзина и Антипова.

Оба великолепно меня знают, а один даже просто отец мужа, свекор мой. Но собственно только с перевода их, совсем недавно, я стала дрожать за свою и Катенькину жизнь. От них всего можно ждать. Антипов недолюбливает меня. С них станется, что в один прекрасный день они меня и даже Пашу уничтожат во имя высшей революционной справедливости. (418—419)

Далее, когда Лара и Юрий приходят к решению покинуть Юрятин, так как жить там стало крайне опасно, Ларе приходит в голову поселиться в Варыкино, где относительно безопасно и, главное, безлюдно. Последнее и привлекает и пугает Лару, но все же Варыкино оказывается лучшим выбором:

...Правда, там теперь ни души, жуть, пустота. По крайней мере, так было в марте, когда я ездила туда. И, говорят, волки. Страшно. Но люди, особенно люди вроде Антипова или Тиверзина, теперь страшнее волков. (419)

Проницательность Лары помогает ей заметить то же вырождение человеческого и в своем муже, ставшем революционным комиссаром Стрельниковым, когда она случайно видит его издали, садящимся в машину. Выражение его лица встревожило Лару:

Точно что-то отвлеченное вошло в этот облик и обесцветило его. Живое человеческое лицо стало олицетворением, принципом, изображением идеи. У меня сердце сжалось при этом наблюдениии. Я поняла, что это следствие тех сил, в руки которых он себя отдал, сил возвышенных, но мертвящих и безжалостных, которые и его когда-нибудь не пощадят. (412)

Предсказание Лары действительно сбылось. Зло порождает зло и в конце концов оборачивается против своего же союзника. Примечательно, однако, что убежденные революционеры в большинстве своем не раскаиваются в совершенных злодеяниях. Раскаяние — вид христианского возмездия — снисходит лишь на Памфила Палых, человека из народа, обманутого и одураченного трескучей революционной идеологией. Раскаяние, однако, не приносит облегчения Памфилу Палых — слишком много крови он пролил, чтобы совесть простила ему его грехи. Его раскаяние — это постоянные угрызения совести, приводящие к мании преследования, к тяжелому умопомрачению с галлюцинациями или, как он их называет, бегунчиками. Убийство "ни за что" молоденького кадетика Гинца не дает ему покоя, и в дальнейшем "бегунчики" приводят его к еще более ужасным преступлениям — убийству своей собственной жены и детей. Человек наглядно превращается в волка, вернее, в существо намного ужаснее волка по своим поступкам. Сумасшествие Палых, конечно, один из самых крайних случаев вырождения сознания. Типичной же картиной является потеря человечности, сердечности, превращение личности в орудие, в механизм. Закончим эту главу высказыванием доктора Живаго: "Самоуправцы революции ужасны не как злодеи, а как механизмы без управления, как сошедшие с рельсов машины".

ВРЕМЯ И ПОКОЛЕНИЕ

Еще в начале книги мы упомянули, что христианство является в романе тем идеалом, на фоне которого рассматриваются поступки всех его героев и, шире, осмысливается сама эпоха, в которую довелось жить поколению Юрия Живаго. "Время и поколение" — одна из ведущих философских тем романа Пастернака.

Как почти всякое религиозно-философское учение, христианство состоит из двух, хоть и связанных между собой, но отдельных частей — мировоззрения и этики. Для христианства эти две составные части в плане земного существования означают стремление к выполнению следующих задач: максимальному приближению к истине и соблюдению моральных законов (заповедей).

Если ортодоксальная религия делает особый упор на последнее, понимая стремление к истине как что-то общее и само собой разумеющееся, христианская философия Живаго (и, конечно, самого Пастернака) ставит во главу угла именно приверженность к истине, без которой в принципе немыслимо для него никакое добровольное (по любви, а не из-под палки) следование моральным законам, ибо при равнодушии к истине закон Бога становится неотличимым в принципе от закона человека (общества), который всегда можно поставить под вопрос или применить к нему известную формулу: "закон дается для того, чтобы его можно было обойти". В следовании закону по принуждению нет ничего христианского, это еще один пример насилия законодателей над законоисполнителями. Мерилом христианского отношения к миру и человеку для Живаго является истина, без которой все остальное обессмысливается и превращается в голую догму, или, перефразируя Живаго, мораль, пронизанная светом истины — "музыка", мораль же, вводимая только лишь как закон — принуждение, "палка". В этом смысле слова Живаго: "Я не люблю людей, равнодушных к истине", приобретают значение философского кредо. В этом же смысле христианское "по любви" резко противопоставлено в понимании Живаго нехристианскому "из-под палки". Поэтому любая диктатура, буржуазная ли, революционная, для Живаго есть в принципе зло, какими бы лозунгами добра оно ни прикрывалось. Насилие во имя добра для Юрия равноценно злу во имя добра, то есть является утверждением, не совместимым с истиной, ибо зло может принести только зло, добро же рождается только добром.

В беседе с Самдевятовым о марксизме и диктатуре пролетариата Юрий Живаго выражает коренное противоречие между христианским и революционным мировоззрением, противоречие, которое раньше он не замечал и которое теперь представляется ему особенно ярко. Самдевятов, в сущности, выражает мысли о революции как о справедливой мести, которые еще так недавно разделял сам Живаго и которые теперь он категорически отвергает. Более того, в свете нового понимания христианства как начала человеческой истории революция больше не представляется Живаго исторической неизбежностью. Приведем эту часть спора Юрия с Самдевятовым полностью:

— Почему же неизбежность?
— Что вы маленький, или притворяетесь? С луны вы свалились, что ли? Обжоры тунеядцы на голодающих тружениках ездили, загоняли до смерти и так должно было оставаться? А другие виды надругательства и тиранства? Неужели непонятна правомерность народного гнева, желание жить по справедливости, поиски правды? Как вам кажется, что коренная ломка была достижима в думах, путем парламентаризма, и что можно обойтись без диктатуры?
— Мы говорим о разном и, хоть век проспорь, ни о чем не столкуемся. Я был настроен очень революционно, а теперь думаю, что насильственностью ничего не возьмешь. К добру надо привлекать добром. (270)

Коренное отличие между христианством и революционным мировоззрением, таким образом, заключается вовсе не в цели, а в методе достижения этой цели. Христианство предполагает исправление человечества, начиная снизу, с клеточки общества — личности, революция же хочет произвести ломку жизни, начиная сверху, со всего общества.

Христианский метод достижения добра — личный пример милосердия, революционный — осуществление дозволенной и узаконенной обществом классовой мести. Музыка христианства — добровольность, которая противостоит палке революции — диктатуре. И если Христос есть олицетворенное сострадание, то теоретик и практик революции Ленин есть олицетворенное возмездие. Именно так воспринимает Ленина его верный духовный ученик Стрельников:

> — Так вот, видите ли, весь этот девятнадцатый век со всеми его революциями в Париже, несколько поколений русской эмиграции, начиная с Герцена, все задуманные цареубийства, неисполненные и приведенные в исполнение, все рабочие движения мира, весь марксизм в парламентах и университетах Европы, всю новую систему идей, новизну и быстроту умозаключений, насмешливость, всю, во имя жалости выработанную вспомогательную безжалостность, все это впитал в себя и обобщенно выразил собою Ленин, чтобы олицетворенным возмездием за все содеянное обрушиться на старое. (473)

Именно эту теорию "безжалостности во имя жалости", то есть зла во имя добра, и не может понять и принять Юрий Живаго.

С этих позиций переоценка Живаго русской революции перестает казаться нам неожиданностью. Ибо в начале революция понимается Юрием как добро, восстановление справедливости (а не наказание несправедливости — идея мести, столь чуждая христианству и так быстро распространившаяся в сознании ранее угнетенных классов, что поджоги, грабежи и убийства вдруг как бы стали частью истины, правильного поведения). Революция как акт добра воспринимается Юрием именно в силу ее способности исцелить общество, вернуть ему здоровье. В этой миссии исцеления общества и находит Живаго общее между революцией и христианством (Иисус Христос ведь тоже был врач). И именно как врач Юрий восхищается "великолепной хирургией" революции, разом удалившей все "вонючие язвы" старого, построенного на несправедливости строя. Более того, в глазах Живаго, революция явилась одновременно и актом исцеления, и актом обретения людьми свободы, о которой они раньше не могли и мечтать. При этом важно отметить, что людьми была обретена не только внешняя свобода, но и внутренняя; именно в этом смысле говорит Живаго о том, что каждый человек пережил две революции — первую в обществе, вторую — в себе.

Однако, дальнейший ход истории все более и более убеждал Юрия, что пути революции и христианства, случайно сойдясь в одной из точек, тут же разошлись, и чем дальше было расстояние во времени от начала революционных действий, тем больше становилась дистанция между ними. Впоследствии Живаго понял, что заблуждался насчет самой сути революционного движения, а главное в его лидерах, для которых истина подменялась борьбой и которые вне борьбы не знали, чем себя занять и по какому пути идти. Здесь устами Живаго Пастернак высказывает чрезвычайно важную истину о всех без исключения борцах за что бы то ни было, будь то большевики, террористы или любого рода идейные фанатики — о нетворческой сути их деятельности. Ибо фанатизм превращает человека в автомат, в слепого исполнителя предписаний и догм, он начинает жить исключительно головным, обобщенным представлением о людях, которые тоже предстают в его сознании не как личности, а как представители, носители ярлыков, колесики и винтики общественного механизма, которые помогают или, наоборот, мешают этому механизму функционировать, и которых в последнем случае необходимо убрать. Головное в таких людях не оставляет места сердечному, внутреннему чувству истины и справедливости, которое и является знаменем христианства. Именно "потеря сердца" и характеризует с нехристианской точки зрения морального, честного, неэгоистичного, готового пожертвовать своей жизнью ради идеи Стрельникова. Но ведь эта потеря и есть потеря человеком своей индивидуальности, превращение его в бездушный автомат, мыслящий, но не чувствующий. Вот как дается в романе от лица автора причина метаморфозы личности — превращение Антипова в Стрельникова, которому вскоре в народе дали имя Расстрельникова:

Две черты, две страсти отличали его.
Он мыслил незаурядно ясно и правильно. И он
в редкой степени владел даром нравственной чис-

тоты и справедливости, он чувствовал горячо и благородно.

Но для деятельности ученого, пролагающего новые пути, его уму недоставало дара нечаянности, силы, непредвиденными открытиями нарушающей бесплодную стройность пустого предвидения.

А для того, чтобы делать добро, его принципиальности недоставало беспринципности сердца, которое не знает общих случаев, а только частные, и которое велико тем, что делает малое. (256—257)

”Великолепный математик был у нас в Юрятине”, — говорит о Стрельникове жена Микулицына. Стрельников именно математик, переносящий законы науки на человека, думающий, что и мир и человек устроены как механизмы, а следовательно, и человеческое общество есть один большой механизм, поддающийся математизации. Стрельников в романе несомненно антипод Живаго. Математик Стрельников, ставший комиссаром и переделывающий общество насилием, противопоставлен врачу Живаго. Если последний лечит людей, то первый их калечит. (Это противопоставление содержится и в самих их фамилиях — миссия первого — стрелять, то есть лишать жизни, миссия второго — оживлять, то есть вселять жизнь). Не случайно роман называется не ”Юрий Живаго”, а именно ”Доктор Живаго”, то есть заглавие подчеркивает именно христианскую миссию человека в мире, направленную на жизнь, исцеление, воскрешение. Именно в этом близость Живаго Христу, то есть в понимании им своей человеческой миссии, своего призвания в мир, а не в его каждодневном исполнении тех или иных предписаний.

Возвращаясь к теме взаимоотношения истины и морали, следует отметить, что приверженность к истине не проявляется так наглядно, как приверженность к морали, поэтому так легко ее обойти, заглушить в себе ее голос, обмануть не только других, но и самого себя. Более того, в каждодневности приверженность истине мешает человеку приспособиться к данному строю и его идеологии и порой грозит не только потерей места в обществе, но и потерей самой жизни. Верность правде, отказ идти на какой бы то ни было компромисс со злом, с принуждающей к отказу от истины силой — геройство, может быть, не во всех случаях заметное, но зачастую более трудное, чем подвиг на войне или любой героический поступок, встречающий восхищение и одобрение толпы, ибо первое является результатом решения своего личного сознания, имеющего идеальным эталоном истину, второе же диктуется вовсе не истиной, а общественным сознанием, частью и зеркальным отражением которого является сознание данного индивидуума, личное только лишь по форме, но не по содержанию. Поэтому подвиг Иисуса Христа неизмеримо больше поражает воображение, чем любой подвиг самурайского типа, ибо подвиг этот находится вне зависимости человека от общества, не связан никакой необходимостью, кроме стремления к истине, лишен с практической точки зрения какого-либо значения, а с точки зрения здравого смысла — нелеп, так как ведет к ненужной жертве.

Приверженность к истине — вторая черта, роднящая Юрия Живаго с Христом, и слова из его стихотворения: "Я один — все тонет в фарисействе" — точная картина его (и Иисуса) времени; повторившаяся по ситуации история.

Живаго вдруг обнаруживает, что свобода, которую должна была принести революция, вдруг как-то выродилась в фарисейство, да и существовала ли она вообще, не произошла ли просто смена одного типа насилия другим, при этом еще более тягостным, требующим от личности полного растворения в общественном? Вокруг него не люди, а маски, не жизнь, а разыгрывание ролей, не поиски истины, а стремление приспособиться. Даже друзья, более или менее близкие ему по духу люди, тоже превратились в фарисеев. Живаго остался один.

А ведь и он мог в жизни сыграть какую-нибудь роль. Роль белого или красного офицера, роль частного врача, а позже — роль официального ученого, роль поэта, роль философа. Но он ролей не играл. Он *был* врачом, ученым, поэтом, философом. Но когда он видел, что жизнь начинает перерастать в роль, он предпочитал оставаться от театра в стороне. Для его друзей, Гордона и Дудорова, его жизнь — постепенное скатывание вниз, для него же самого — сохранение себя как личности и творческой индивидуальности. Как человек творческий, Юрий Живаго прекрасно знал, что творчество определяется стремлением к истине и свобободой, иначе оно перестает быть творчеством. Творчеством он считал и саму жизнь, которую нужно жить, переживать, а не играть роль. Интересно здесь снова вернуться к характеристике Стрельникова, данной Пастернаком в виде внутреннего раздумья Юрия Живаго о личности этого человека при первой встрече с ним на станции Развилье:

> Этот человек должен был обладать каким-то даром, не обязательно самобытным. Дар, проглядывавший во всех его движениях, мог быть даром подражания. Тогда все кому-то подражали. Прославленным героям истории. Фигурам, виденным на фронте или в дни волнений в городах, и поразившим воображение. Наиболее признанным народным авторитетам. Вышедшим в первые ряры товарищам. Просто друг другу. (254)

Как быстро понял Живаго, что Стрельников не творец, а подражатель!

Вся жизнь доктора Живаго и состояла в отстранении от играния ролей во имя сохранения творческого в себе. Но когда это творческое достигало уровня заметности, общество тут же пыталось высмеять, ославить и подавить его. Общественное бескрылие, распространившиеся среди людей бездуховность и равнодушие к истине косвенным образом влияли и на творчество, которое так нуждалось в поддержке общества. Не личные драмы и неустроенность мешали Юрию творить, а ставшее характерным для его времени крикливое фразерство и лицемерное жонглирование высокими словами, из-за несоответствия истине потерявшими всякое значение, жонглирование, подменяющее работу, поиски правды, творчество:

> Что же мешает мне служить, лечить и писать? Я думаю, не лишения и скитания, не неустойчивость и частые перемены, а господствующий в наши дни дух трескучей фразы, получивший такое распространение, — вот это самое: заря грядущего, построение нового мира, светочи человечества. Послушать это, и по началу кажется, — какая широта фантазии, какое богатство! А на деле оно

именно и высокопарно по недостатку дарования. (294)

Насильственным путем насаждаемая, признанная единственно правильной материалистическая идеология, целиком построенная на головных схемах, вообще с подозрением относится ко всему необъяснимому, к творческому, зачастую нерасчлененному, интуитивному познанию, как бы дарованному свыше — отсюда и само слово дарование (дар), столь характерное для словаря Живаго. Не доктор в конечном счете уклоняется от практической работы, а общество уклоняется от него, среда, не терпящая инакомыслия в любой его форме. Доктор подумывает о том, чтобы бросить работу в юрятинской больнице не потому, что он не хочет, а потому, что не может продолжать ее, боится, что его рано или поздно арестуют. Вот какими мыслями он делится с Ларой, обеспокоенный сложившейся ситуацией:

Знаешь, кажется, мне придется уйти со службы. Старая, вечно повторяющаяся история. Начинается как нельзя лучше. "Мы всегда рады честной работе. А мыслям, в особенности новым, и того более. Как их не приветствовать. Добро пожаловать. Работайте, боритесь, ищите".

Но на поверку оказывается, что под мыслями разумеется одна их видимость, словесный гарнир к возвеличиванию революции и властей предержащих. Это утомительно и надоедает. И я не мастер по этой части.

И, наверное, действительно они правы. Конечно, я не с ними. Но мне трудно примириться с мыслью, что они герои, светлые личности, а я — мелкая душонка, стоящая за тьму и порабощение человека...

...Но ведь это и есть ненавистная им интуиция, которой якобы я грешу, цельное, разом охватывающее познание.

Я помешан на вопросе о мимикрии, внешнем приспособлении организмов к окраске окружающей среды. Тут, в этом цветовом подлаживании скрыт удивительный переход внутреннего во внешнее.

Я осмелился коснуться этого на лекциях. И пошло: "Идеализм, мистика. Натурфилософия Гете, неошеллингианство".

Надо уходить. Из губздрава и института я уволюсь по собственному прошению, а в больнице постараюсь продержаться, пока меня не выгонят. Я не хочу пугать тебя, но временами у меня ощущение, будто не сегодня-завтра меня арестуют. (417—418)

Но самое отвратительное для Юрия то, что общество пытается контролировать мысли человека, насаждая насильственным путем свою идеологию и наказывая за любое свободное проявление мысли и духа. Отметим, что доктор не революционер, не пророк, не агитатор, не политический или идеологический лидер, иными словами, не деятель, активно насаждающий и распространяющий свои идеи. Его вина перед новым обществом заключается только в одном — принципиальной неспособности к духовной мимикрии, к двоедушию и двоемыслию. Умеющий приспособиться к любому строю и образу жизни практичный Комаровский, готовый идти ради личной выгоды на любые компромиссы с властью, моралью, совестью, просто не понимает смысла упрямства Юрия, считает его действия глупостью и ребячеством, игрой с огнем, чреватой серьезнейшими последствиями:

Есть некоторый коммунистический стиль. Мало кто подходит под эту мерку. Но никто так явно не нарушает этой манеры жить и думать, как вы, Юрий Андреевич. Не понимаю, зачем гусей дразнить. Вы — насмешка над этим миром, его оскорбление. (443)

"Оскорблением этого мира" таким образом признается неспособность к лицемерию Юрия Живаго. Духовная мимикрия, признаваемая Комаровским в качестве естественного, нормального поведения человека, рассматривается доктором как недуг, захвативший широкие массы населения, заразная болезнь века, не могущая не привести к серьезным осложнениям, как для всего общества, так и для его отдельных членов. И эта духовная болезнь века для доктора не метафора, а реальное заболевание, грозно проявляющее себя на физическом (физиологическом) уровне:

> В наше время очень участились микроскопические формы сердечных кровоизлияний. Они не все смертельны. В некоторых случаях люди выживают. Это болезнь новейшего времени. Я думаю, ее причины нравственного порядка. От огромного большинства из нас требуют постоянного, в систему возведенного криводушия. Нельзя без последствий для здоровья изо дня в день проявлять себя противно тому, что чувствуешь; распинаться перед тем, чего не любишь, радоваться тому, что приносит тебе несчастье. Наша нервная система не пустой звук, не выдумка. Она — состоящее из волокон физическое тело. Наша душа занимает место в пространстве и помещается в нас, как зубы во рту. Ее нельзя без конца насиловать безнаказанно. (494—495)

От соучастия в насиловании душ и отстраняется доктор Живаго, а проводники такого насилия, не видя в докторе своего сторонника, ощущают его как враждебный элемент, если и не вступающий с ними в открытую борьбу, то своей непреклонной позицией бросающий вызов всему их революционному мировоззрению.

ЖИЗНЬ КАК ДАР

Почти поголовно все, окружающие Юрия Живаго в романе, искренне думают, что его жизнь не удалась, что он — неудачник, человек, не нашедший применения своим задаткам и талантам, что-то вроде "лишнего человека" в русской литературе 19 века. Чужие насмехаются над Юрием, друзья всячески стараются помочь ему "стать полноправным членом общества", жалеют его — ведь он неустроен как с личной, так и с общественной стороны — потерял жену, ребенка, позволил Комаровскому увезти Лару, сожительствует с женщиной, вроде бы случайной по отношению к его интеллектуальному и художественному миру, месяцами нигде не работает, полностью потерял интерес к общественному, обрюзг и опустился, страдает неизлечимым сердечным заболеванием, не умеет ничего добиться, вытребовать, проявить волю, постоять за свои права.

Казалось бы, такой человек должен быть пессимистом, постоянно жаловаться на неудачи, злиться на тех, кому повезло, кого общество признало и возвело на пьедестал, обнаруживать признаки уныния, отчаяния, недовольства своей судьбой и, может быть, даже всем жизненным миропорядком. Однако никаких таких мыслей и настроений мы у Живаго не обнаруживаем. Наоборот, принятие жизни, жизнелюбие, понимание жизни как свершившегося чуда характеризует мировосприятие Живаго.

Жизнь для Юрия — это творчество Бога, ждущего ответного сотворчества от человека. А так как творчество — это всегда озарение, обнаружение нового, непредсказуемого, то жизнь в понимании Живаго — вечно расцветающее, вечно видоизменяющееся явление, неспособное развиваться нетворчески, согласно какой-либо предопределенной человеком раз и навсегда мертвой схеме. Отсюда миссия человека в мире — способствовать расцвету жизни, ее творческому развитию, и в качестве сотворца созидать ее, а не переделывать или ломать. Само христианство понимается Юрием как такое созидание, работа, заданная всем и каждому примером Иисуса Христа, вернее, работа по созиданию духовного мира человечества. О таком понимании христианства хорошо говорит Сима Тунцева, взгляды которой чрезвычайно близки взглядам Юрия (отвлекаясь от героев романа, можно говорить об особом христианстве Пастернака, использовавшего в качестве своего рупора весь круг молодежи, близкой философии Веденяпина):

...Развитие человеческого духа распадается на огромной продолжительности отдельные работы. Они осуществлялись поколениями и следовали одна за другою. Такою работой был Египет, такою работой была Греция, такой работой было библейское Богопознание пророков. Такая, последняя по времени, ничем другим пока не смененная, всем современным вдохновением совершаемая работа — христианство. (421—422)

Работа человечества по христианству заключается в замене закона благодатью, в замене принуждения вдохновением. Если суть старого закона — наказание за грехи, то суть нового — преодоление косности, духовное совершенствование, в результате которого рождается новый человек. Поэтому для героев Пастернака центром внимания в христианстве являются не чудеса, творимые Иисусом, а чудо жизни, чудо зачатия Богородицы и чудо воскресения, то есть божественное творчество, направленное в сторону жизни, а не от нее. Для такого направления и таких деяний нужны не схемы и орудия, а творчество и вдохновение. Символом жизни становится не Бог Ветхого завета, требующий исполнения обыденного, а Богородица Нового — простая, всецело человеческая девушка, творческим актом произведшая на свет Божественное. Вот как об этом акте творчества говорит Сима Тунцева:

В другом случае Девушка — обыкновенность, на которую древний мир не обратил бы внимания — тайно и втихомолку дает жизнь Младенцу, производит на свет жизнь, чудо жизни, жизнь всех, "Живота всех", как потом Его называют. Ее роды незаконны не только с точки зрения книжников, как внебрачные. Они противоречат законам природы. Девушка рожает не в силу необходимости, а чудом, по вдохновению. Это то самое вдохновение, на котором Евангелие, противопоставляющее обыкновенности исключительность и будням праздник, хочет построить жизнь, наперекор всякому принуждению. (423)

Таким образом, принуждение здесь рассматривается как акт не совместимый с вдохновением, противоречащий ему. Если вдохновение вызывает творчество к жизни, то принуждение ведет к смерти творчества. Здесь можно перекинуть мостик от всеобщего к частному, к революции, которая по всей сути есть принадлежность дохристианского миропонимания, а потому в настоящее время представляется явным анахронизмом, ибо революция пытается возвратить свободную личность к растворению в принудительном общественном:

> Что-то сдвинулось в мире. Кончился Рим, власть количества, оружием вмененная обязанность жить всей поголовностью, всем населением. Вожди и народы отошли в прошлое.
>
> Личность, проповедь свободы пришли им на смену. Отдельная человеческая жизнь стала Божьей повестью, наполнила своим содержанием пространство вселенной.

И далее:

> ...Что же касается до понимания жизни, до философии счастья, насаждаемой сейчас, просто не верится, что это говорится всерьез, такой это смешной пережиток. Эти декламации о вождях и народах могли бы вернуть нас к ветхозаветным временам скотоводческих племен и патриархов, если бы обладали силой повернуть жизнь вспять и отбросить историю назад на тысячелетия. По счастью это невозможно. (423—424)

Мысли Симы Тунцевой полностью совпадают со взглядами Живаго, для которого революция — это стихия силы, лишенной вдохновения, то есть силы нетворческой, а, следовательно, идущей вразрез с жизнью, а зачастую и направленной на ее разрушение. В споре с предводителем "лесно-

39

го братства" Ливерием Живаго иронизирует над революционной догмой "переделки жизни" во имя будущего счастья:

Переделка жизни! Так могут рассуждать люди, хотя, может быть, и видавшие виды, но ни разу не узнавшие жизни, не почувствовавшие ее духа, души ее. Для них существование — это комок грубого, не облагороженного их прикосновением материала, нуждающегося в их обработке. А материалом, веществом, жизнь никогда не бывает. Она сама, если хотите знать, непрерывно себя обновляющее, вечно себя перерабатывающее начало, она сама куда выше наших с вами тупоумных теорий. (347—348)

Подобные мысли высказываются Юрием неоднократно и особенно подчеркиваются в них приземленность, узколобость, неодухотворенность и неодаренность вождей революции, для которых борьба стала страстью, и без которой они уже не мыслят своего существования. За сиюминутными событиями и политическими стычками они перестают видеть жизнь:

— ...Раньше вы судили о революции не так резко, без раздражения.
— В том-то и дело, Лариса Федоровна, что всему есть мера. За это время пора было прийти к чему-нибудь. А выяснилось, что для вдохновителей революции суматоха перемен и перестановок единственная родная стихия, что их хлебом не корми, а подай им что-нибудь в масштабе земного шара. Построения миров, переходные периоды это их самоцель. Ничему другому они не учились, ничего не умеют. А вы знаете, откуда суета этих вечных приготовлений? От отсутствия определенных готовых способностей, от неодаренности. Человек рождается жить, а не готовиться к жизни. И сама жизнь, явление жизни, дар жизни так захватывающе нешуточны! Так зачем подменять ее ребяческой арлекинадой незрелых выдумок, эти-

ми побегами чеховских школьников в Америку? (306—307)

Революция, ломка жизни обречена на провал, по мнению доктора, именно в силу своей неодаренности, неспособности участвовать в сотворчестве по продолжению и процветанию живого. Она будет наказана историей, как была наказана Христом смоковница за бесплодность и недаровитость — тема, на метафорическом уровне означающая наказание за отказ от сотворчества с Богом по созиданию жизни, и так хорошо воплощенная в стихотворении Живаго "Чудо":

> Смоковница высилась невдалеке,
> Совсем без плодов, только ветки да листья.
> И он ей сказал: "Для какой ты корысти?
> Какая мне радость в твоем столбняке?
>
> Я жажду и алчу, а ты — пустоцвет,
> И встреча с тобой безотрадней гранита.
> О как ты обидна и недаровита!
> Останься такой до скончания лет".
>
> По дереву дрожь осужденья прошла,
> Как молнии искра по громоотводу,
> Смоковницу испепелило дотла.

Философия жизни Юрия Живаго — вовсе не отстранение от жизни, как это кажется его друзьям Дудорову и Гордону, а наоборот, полное в ней участие. Отстраняется он лишь от исполнения чуждых его совести ролей, отстраняется от участия в том, чего он не разделяет. Участие в революции и в создании общества, основанного на личной и творческой несвободе, Юрий Живаго рассматривает как участие в массовом грехе, а потому посильно и сознательно старается отмежеваться от него. Невовлеченность Живаго в злободневность коммунистического образа жизни, его принципиальное нежелание приспособиться к диктату насилия и стать таким образом его частью, даже сознавая свою с ним несовместимость, нежелание следовать пословице "с волками жить — по волчьи выть" (вспомним, что Лара считала Антипова и Тиверзина хуже волков) определяет всю сущность его позиции. И, действительно, в массовом революционном грехе — преступлении против жизни — Живаго не был замешан. Тем более, что однажды жизнь дала ему урок того, что любое становление на сторону смерти против жизни, даже на уровне плохого исполнения роли, чревато серьезными последствиями. Произошло это при столкновении партизанского отряда, к службе в котором Живаго был насильно привлечен, и подразделением белогвардейцев, состоявшим в основном из молодежи — студентов и гимназистов, по образованию и воспитанию людей его круга, которым он симпатизировал. Участвовать в боевых действиях шло против правил Юрия как врача, но ситуация была такова, что доктор не мог оставаться в бездействии:

> ...И дело было не в его собственной самозащите, а в следовании порядку совершившегося, в подчинении законам того, что разыгрывалось перед ним и вокруг него. Было против правил оставаться к этому в безучастии. Надо было делать то же, что делали другие. Шел бой. В него и товарищей стреляли. Надо было отстреливаться. (343)

Доктор решает сделать вид, что он стреляет в людей, а сам целится в засохшее дерево, растущее как раз между залегшими партизанами и наступающими белыми. Но как он ни старается, все же пули попадают в нескольких наступающих. Один из них получает ранение, в результате которого теряет сознание. Таким образом, даже невольное участие на стороне уничтожения жизни втягивает человека в круг зла. Впоследствии Живаго искупает свою вину, совершая акт милосердия: скрывает от расстрела, излечивает и отпускает на волю студента Сережу Ранцевича, которого он ранил. Важно отметить, что этот поступок всецело продиктован христианским состраданием, ибо Живаго не испытывает к действиям белых никакой симпатии — их жестокосердие и фанатизм ничуть не меньше, чем у красных, и приводит к одному и тому же результату — уничтожению живого.

Пафос и смысл жизни для Живаго — это повторение действия Христа — дарение себя людям, своего таланта, своего творчества, способ существования, нацеленный на давание и раздавание, а не на отбирание и накопление. Именно такой способ существования человека и лишает его страха смерти, обеспечивает ему бессмертие. Эта мысль о жизни, как даре людям, прекрасно выражена в стихотворении Живаго "Свадьба":

> Жизнь ведь тоже только миг,
> Только растворенье
> Нас самих во всех других
> Как бы им в даренье.

Ранее эта мысль звучит в рассуждениях Живаго о том, что такое смерть, бессмертие и воскресение. Он пытается утешить умирающую мать Тони, объясняя ей, что смерть — это потеря человеком своего сознания, а сущность сознания — быть направленным всегда не в себя, а от себя, проявляться не в своей телесности, а в духовности других:

> Итак, что будет с вашим сознанием? Вашим. Вашим. А что вы такое? В этом вся загвоздка. Разберемся. Чем вы себя помните, какую часть сознавали из своего состава? Свои почки, печень, сосуды? Нет, сколько ни припомните, вы всегда заставали себя в наружном, деятельном проявлении, в делах ваших рук, в семье, в других. А теперь повнимательнее. Человек в других людях и есть душа человека. Вот что вы есть, вот чем дышало, питалось, упивалось всю жизнь ваше сознание. Вашей душою, вашим бессмертием, вашей жизнью в других. И что же? В других вы были, в других и останетесь. И какая вам разница, что потом это будет называться памятью. Это будете вы, вошедшая в состав будущего.
> Наконец, последнее. Не о чем беспокоиться. Смерти нет. Смерть не по нашей части. А вот вы сказали талант, это другое дело, это наше, это открыто нами. А талант — в высшем широчайшем понятии есть дар жизни. (68)

Оправдать этот дар жизни, не зарыть его в землю, не отказаться от него ради личного благополучия, не поставить его на службу чуждым самой дарующей жизни интересам, не разменять его на кучу прописных истин, не утопить его в омуте обыденного , поставить его на службу добру — вот как понимает доктор свою миссию в жизни. Поэтому он никогда не перестает быть творческим человеком. И при всех обстоятельствах не корит жизнь, не жалуется, не стонет, а благодарит ее за те дары, которыми она его наградила. Что может быть оптимистичнее восклицания доктора, в котором сказывается его неиссякаемое жизнелюбие:

...О, как сладко существовать! Как сладко жить на свете и любить жизнь! О, как всегда тянет сказать спасибо самой жизни, самому существованию, сказать это им самим в лицо! (401—402)

ТВОРЧЕСТВО И ВОСКРЕСЕНИЕ

Творчество для Живаго — суть и миссия человеческой жизни, творчество, понимаемое не только как искусство, но любая человеческая деятельность, направленная на утверждение и развитие жизни. Человек подобен Богу не только по образу, но и по духовному складу, по способности быть творцом, который по вдохновению созидает жизнеспособное. Божьим примером этого жизнеспособного является красота вещественного мира — природа и мироздание, а также красота духовного мира — способность человека испытывать чувство любви. Эти два дара Бога человеку — красота и любовь — могут быть приняты им, однако, только при условии активного стремления к их победе в его душе и его работе по их победе в душах других. С человека искусства, которому в отличие от других Бог даровал еще и талант, в этом смысле больше спрашивается, ибо ему дана реальная возможность воздействовать на других не логикой, а качественно иным средством, близким чуду. Юрий Живаго, человек, которого многие считают неудачником, прекрасно осознает наличие в себе этих божественных даров и даже считает, что по сравнению с другими ему дано слишком много:

> Господи! Господи! — готов шептать он. — И все это мне! За что мне так много? Как подпустил Ты меня к себе, как дал забрести на эту бесценную Твою землю, под эти Твои звезды, к ногам этой безрассудной, безропотной, незадачливой, ненаглядной? (448)

Однако условием для осуществления чуда творчества является свобода, заключающаяся для творца в постоянных поисках новых путей, постоянном желании оттолкнуться от всего готового, принятого, стереотипного, ибо творчество — это всегда не повторение, а новый шаг вперед. Творческая свобода не равна абсолютной личной свободе делать все, что заблагорассудится, она руководствуется путеводной звездой истины, именно истина направляет творческую свободу в сторону добра, помогает художнику работать на развитие жизни. Примерами для человека такого свободного творчества, направленного на созидание жизни, является прежде всего творчество Бога от первого и до седьмого дня, и творчество Иисуса Христа, преодолевшего старые общепринятые нормы жизни во имя новых, духовно более плодотворных. Пример Христа более близок и понятен человеку, ибо Христос проповедовал Новый завет не как Бог, а как человек, в трудных условиях господства стереотипа, одобренного большинством. Но не нарушение традиционного как таковое направляло его действия, а сознание того, что новое учение ближе к истине, чем старое. Истина определяла, таким образом, отталкивание от общепринятого, а не просто желание нарушить стереотип. Люди, которые окружали Христа и не принимали его принципы жизни, в основном состояли не из врагов его учения, а из довольствовавшихся общепринятым, всегда приравнивавших общепринятое к истинному.

Современникам Христа помешало принять его учение их неумение свободно мыслить, равнодушие к истине и нетворческое признание среднего вкуса в качестве безоговорочного эталона существования. Свободная в творческом отношении фигура доктора Живаго так же натыкается на непонимание окружающих и даже своих друзей Гордона и Дудорова, как Иисус наталкивался на непонимание толпы и даже своих собственных учеников. Доктор прекрасно понимает это положение, но не может, в силу своей скромности, открыто заявить им об этом:

> Городон и Дудоров принадлежали к хорошему профессорскому кругу. Они проводили жизнь среди хороших книг, хороших мыслителей, хороших композиторов, хорошей, всегда, вчера и сегодня хорошей, и только хорошей музыки, и они не знали, что бедствие среднего вкуса хуже бедствия безвкусицы.
>
> Гордон и Дудоров не знали, что даже упреки, которыми они осыпали Живаго, внушались им не чувством преданности другу и желанием повлиять на него, а только неумением свободно думать и управлять по своей воле разговором. Разогнавшаяся телега беседы несла их куда они совсем не

желали. Они не могли повернуть ее и в конце концов должны были налететь на что-нибудь и обо что-нибудь удариться. И они со всего разгону расшибались проповедями и наставлениями об Юрия Андреевича.

Ему насквозь были ясны пружины их пафоса, шаткость их участия, механизм их рассуждений. Однако, не мог же он сказать им: "Дорогие друзья, о, как безнадежно ординарны вы и круг, который вы представляете, и блеск и искусство ваших любимых имен и авторитетов. Единственно живое и яркое в вас, это то, что вы жили в одно время со мной и меня знали. (493)

Только через много лет после смерти Живаго его друзья, Гордон и Дудоров, смогут оценить его мысли и стать его учениками.

Знаменательно, однако, что в романе Юрий Живаго в большинстве случаев предстает перед окружающими не как творец, а как человек, хотя многие из них хорошо знакомы с его творчеством. Для читателя же реальное творчество Живаго заключается лишь в нескольких философских высказываниях, отрывочных мыслях о сути творчества, нескольких дневниковых записях и двадцати пяти стихотворениях. Тем не менее в нескольких местах романа дается понять, что творчеством Живаго занимался всю свою жизнь. Тоня говорит, например, о сводном брате Юрия Евграфе, который во время болезни Юрия часто навещает его и приносит редкие по тому времени продукты: "Он тебя обожает, тобой зачитывается". О книжках Юрия Живаго упоминается в предпоследней главе, книжках, оформленных и напечатанных его тогдашним молодым другом Васей Брыкиным:

Книжки содержали философию Юрия Андреевича, изложение его медицинских взглядов, его определения здоровья и нездоровья, мысли о трансформизме и эволюции, о личности как биологической основе организма, соображения Юрия Андреевича об истории и религии, близкие дядиным и Симушкиным, очерки Пугачевских мест, где побывал доктор, стихи Юрия Андреевича и рассказы. (486)

Наконец в самом конце романа приводится сцена чтения друзьями-учениками Живаго — Гордоном и Дудоровым — его творений:

...Они перелистывали составленную Евграфом тетрадь Юрьевых писаний, не раз ими читанную, половину которой они знали наизусть. (530)

Заметим, что по стихотворениям Юрия Живаго, приведенным в романе, мы можем судить о нем как о христианском поэте, которого особенно привлекают темы смысла человеческой жизни, творчества, жертвы, сострадания, прощения, верности истине, смерти и воскресения, по-своему и оригинально понятые и во многих случаях весьма отличные от привычных, принятых традиционным богословием трактовок. Для Юрия Живаго примером для подражания является прежде всего сам Иисус Христос, его человеческая личность, поведение и поступки, а не его проповеди. Для поэта и философа Живаго Иисус Христос — архетипический идеальный образ писателя-диссидента, творческой личности, не отказавшейся от своей духовной свободы в условиях тоталитарного господства в умах людей чуждой ему идеологии, принесшей себя в жертву ради истины и воскресшей в умах и делах потомков благодаря своему творчеству и героическому примеру своей жизни. Вспомним, что воскресение из мертвых доктор понимает только лишь как воскресение духа, а не плоти — весьма серьезное, а с точки зрения русского православия и весьма еретическое отклонение от традиционного толкования:

— Воскресение. В той грубейшей форме, как это утверждается для утешения слабейших, это мне чуждо. И слова Христа о живых и мертвых я понимал всегда по-другому. Где вы разместите эти полчища, набранные по всем тысячелетиям? Для них не хватит вселенной и Богу, добру и смыслу придется убраться из мира. Их задавят в этой жадной животной толчее. (67—68)

48

Воскресение для Живаго — это жизнь индивидуального сознания в памяти потомков. В этом смысле бессмертие Христа истолковывается Юрием как все большее и большее его место (расширение по типу кругов на воде от брошенного камешка) в памяти поколений. "Человек в других людях и есть душа человека", — утверждает он. Эта душа может жить в других только при условии верности человека при жизни истине, его вкладу в общую сокровищницу добра, развития жизни. Бессмертие — это вечная память людей о человеке, утвердившем их на пути добра, на пути истины. Большинству людей, однако, истина не нужна — им нужна власть над другими, материальная или духовная. Человек, ищущий истину, уже бессмертен, ибо поисков истины — это способ оживления добра. При этом истину нельзя раз и навсегда найти: истина — это идеал, к которому движется человек, познавая какие-то ее стороны, разрешая проблемы своего времени. Истина добывается ценой поисков, открытия нового, предполагающего отталкивание от старого, уже достигнутого. Истина — это вечное движение вперед, открытие, вдохновение, одаренность. Люди, держащиеся за старое, догматизирующие и канонизирующие его, находится вне поисков истины, топчутся на одном месте и даже, если активно не мешают искателям, то пассивно присоединяются к общественному мнению, осуждающему их. Верность истине приравнивается в философии Живаго верности жизни, верности бессмертию. Духовный отец Юрия, философ Веденяпин, выражает эту мысль в следующей форме:

...Всякая стадность — прибежище неодаренности, все равно верность ли это Соловьеву, или Канту, или Марксу. Истину ищут только одиночки и порывают со всеми, кто любит ее недостаточно. Есть ли что-нибудь на свете, что заслуживало бы верности? Таких вещей очень мало. Я думаю надо быть верным бессмертию, этому другому имени жизни, немного усиленному. Надо сохранять верность бессмертию, надо быть верным Христу! (9)

Юрий Живаго верен Христу и ради истины готов повторить его подвиг. Способом достижения бессмертия Юрий считает свое творчество, которое будет представлять его личность в памяти потомков. Приверженности истине, жизни не по лжи он не изменяет до конца своих дней. Таким образом, в духовном плане он оказывается наиболее близким личности Христа-человека.

В плане же морали, каждодневного поведения дело оказывается несколько сложнее. Мы уже говорили о двух типах морали — добровольной и принудительной. Моральность Юрия — естественная, базирующаяся на его чувстве справедливости и совести — ему нечему учиться у других. Насильственная же мораль, связанная с подавлением естественных потребностей жизни, чужда доктору. Человеку дана плоть для физической жизни, и каким бы то ни было образом умерщвлять ее есть кощунство. К тому же акт умерщвления часто является формой скрытого лицемерия — способом устраниться от реальной жизни и ее трудностей, желанием отличиться перед другими праведностью, попыткой компенсировать воздержанием грех невоздержанности (о том, чтобы похудеть, обычно говорят полные люди). Доктор одобряет мысли Симочки Тунцевой о вторичности телесного по сравнению с духовным:

> ...Наверное, я очень испорченная, но я не люблю предпасхальных чтений этого направления, посвященных обузданию чувственности и умерщвлению плоти. Мне всегда кажется, что эти грубые, плоские моления, без присущей другим духовным текстам поэзии, сочиняли толстопузые лоснящиеся монахи. И дело не в том, что сами они жили не по правилам и обманывали других. Пусть бы жили они и по совести. Дело не в них, а в содержании этих отрывков. Эти сокрушения придают излишнее значение разным немощам тела и тому, упитано ли оно или измождено. Это противно. Тут какая-то грязная, несущественная второстепенность возведена на ненужную, несвойственную ей высоту. (424)

В христианском понимании грех — неизменный атрибут земной человеческой жизни: нет людей абсолютно безгрешных. Но провинившийся может быть прощен Богом, если он искренне раскается в совершенном грехе. В этом весь смысл притчи о Магдалине, прощенной Христом, сюжет которой так привлекал Юрия. Однако, возможность быть прощенным вовсе не предполагает безнаказанности греха, мол, сейчас согрешу, а потом раскаюсь. Речь чаще всего идет о поступках людей, не ведающих, что они совершают грех, считающих, что их поведение нормативно для данного общества, их поступок естествен для данной ситуации. Это люди, находящиеся еще вне понимания добра и зла, и к добру приходящие через грех и последующее раскаяние, осознание неприглядности своих прошлых действий. В стихотворении Живаго "Магдалина" (1) совершенно ясно сказано о том, что раньше девушка не понимала порочности своего поведения, "была дурой":

МАГДАЛИНА
1
Чуть ночь, мой демон тут как тут,
За прошлое моя расплата.
Придут и сердце мне сосут
Воспоминания разврата,
Когда, раба мужских причуд,
Была я дурой бесноватой
И улицей был мой приют.

Но именно грешница удостоилась любви Христа, а не праведница. Знаменательно, что Юрий в беседе с Ларой о ее прошлой жизни с Комаровским отчасти разделяет чувства Христа, а Лара выступает при этом отчасти в роли раскаивающейся Магдалины:

...Я думаю, я не любил бы тебя так сильно, если бы тебе не на что было жаловаться и не о чем сожалеть. Я не люблю правых, не падавших, не оступавшихся. Их добродетель мертва и малоценна. Красота жизни не открывалась им. (409—410)

С точки зрения христианской морали сам Юрий повинен в нарушении девятой заповеди, в грехе адюльтера. Но важно отметить, что адюльтер этот совершается не из-за разнузданности плоти, похоти, а в силу любви. При этом Юрий мучается и пытается найти выход из положения:

Изменил ли он Тоне, кого-нибудь предпочтя ей? Нет, он никого не выбирал, не сравнивал. Идеи "свободной любви", слова вроде "прав и запросов чувства" были ему чужды. Говорить и думать о таких вещах казалось ему пошлостью. В жизни он не срывал "цветов удовольствия", не причислял себя к полубогам и сверхчеловекам, не требовал для себя особых льгот и преимуществ. Он изнемогал под тяжестью нечистой совести. (312)

Юрий приходит к решению порвать с Ларой, признаться во всем Тоне и вымолить у нее прощение. Судьба, однако, освобождает его от каких бы то ни было действий в этом направлении — партизаны насильственно привлекают его к сотрудничеству с ними, и мы можем только догадываться, как мог бы поступить Юрий, если бы этого не случилось.

Позднее в Юрятине, куда Живаго возвращается после побега из партизанского отряда, он уже живет с Ларой как с женой, решает не убивать свое чувство любви во имя долга. Впрочем, если бы Тоня с детьми не уехала, он бы, вероятно, не смог бросить семью. Но ни Тони, ни детей нет в Юрятине, и доктор не находит в себе силы отказаться от Лары в подобной ситуации. При этом Юрий прекрасно понимает свою греховность, не пытается ее как-то оправдать. Да, он не праведник, но он и не гедонист, ибо его любовь к Ларе далеко выходит за пределы чувственного наслаждения, их сближает не секс, а духовное родство. Такую любовь Живаго рассматривает как подарок жизни, подарок Бога, который получают далеко не все и который выше всех разглагольствований о грехе адюльтера, ибо саму девятую заповедь Живаго воспринимает как обуздание житейской (плотской) распущенности (то есть того, чем он не грешит), а не свободы человека принять от жизни дар любви, в основу которой положена духовная близость. Характеристика этой любви дана в виде подслушанного всезнающим автором внутреннего монолога Лары у гроба Юрия:

О какая это была любовь, вольная, небывалая, ни на что не похожая! Они думали, как другие напевают.

Они любили друг друга не из неизбежности, не "опаленные страстью", как это ложно изображают. Они любили друг друга потому, что так хотели все кругом: земля под ними, небо над их головами, облака и деревья. Их любовь нравилась окружающим еще, может быть, больше, чем им самим. Незнакомым на улице, выстраивающимся на прогулке далям, комнатам, в которых они селились и встречались.

Ах вот это, это ведь и было главным, что их роднило и объединяло! Никогда, никогда, даже в минуты самого царственного, беспамятного счастья не покидало их самое высокое и захватывающее: наслаждение общей лепкою мира, чувство отнесенности их самих ко всей картине, ощущение принадлежности к красоте всего зрелища, ко всей вселенной.

Они дышали только этой совместностью. И потому превознесение человека над остальной природой, модное няньченье с ним и человекопоклонство их не привлекали. Начала ложной общественности, превращенной в политику, казались им жалкой домодельщиной и оставались непонятны. (513)

Как бы то ни было, важно то, что личный грех Юрия Живаго лежит на его совести, является его частным делом. Не личный грех служит делу зла, а участие в грехе массовом, приносящем ущерб другим людям, попытка строить свое счастье или счастье своих ближних (группы, класса) на несчастье других. В этом смысле "грешный" Живаго разительно отличается от "праведного" Стрельникова, не изменяющего жене, но лишающего жизни других во имя утопической идеи. Самое главное: Живаго повторяет духовный подвиг Христа — приходит к воскресению через поиски истины, а не пытается прожить жизнь праведника, отрешившись от всего земного. Наоборот, вовлеченность во все живое, полнокровное участие в деле жизни, не отстранение от нее, а принятие всех ее даров характеризует позицию Юрия Живаго. Христианское в Юрии — его отдача себя делу жизни и преданность истине — качества, воплотившиеся в его творчестве. Книжка Живаго, читаемая его друзьями-учениками, и есть его воскресение. В ней они черпают "просветление и освобождение", "свободу души" и уверенность в конечной правоте и красоте жизни, руководимой истиной:

Состарившимся друзьям у окна казалось, что эта свобода души пришла, что именно в этот вечер будущее расположилось ощутимо внизу на улицах, что сами они вступили в это будущее и отныне в нем находятся. Счастливое, умиленное спокойствие за этот святой город и за всю землю, за доживших до этого вечера участников этой истории и их детей проникало их и охватывало неслышною музыкой счастья, разлившейся далеко кругом. И книжка в их руках как бы знала все это и давала их чувствам поддержку и подтверждение. (531)

Последняя, семнадцатая часть романа — "Стихотворения Юрия Живаго" — привлекала и привлекает внимание критиков в неизмеримо большей степени, чем вся его пятисотстраничная прозаическая часть. Действительно, если по роману существует лишь одна монография,[5] то стихам из романа посвящено целых две.[6] Кроме того, существует на эту тему несколько статей и глав в книгах.[7] Отметим, что в общем уровень литературоведческих работ о стихах романа неизмеримо выше уровня исследований о его прозе и среди первых немало толковых разборов. Усиленное внимание критиков к живаговским стихам понятно — ведь это одновременно и стихи одного из лучших русских поэтов 20-го века — Пастернака, поэтическим творчеством которого они интересуются. Ни в коей мере не оспаривая правомерность такого подхода в целом, замечу лишь, что в данной работе я занимаюсь не поэтом Пастернаком, его творческим путем, биографией и поэтическим мировоззрением, а внутренним анализом его романа, т. е. мировоззрением его героев, а при анализе стихов — поэтическим мировоззрением поэта Юрия Живаго. Тезис о том, что не следует смешивать автора произведения с его лирическим героем давно стал трюизмом в литературоведении, тем не менее вольно или невольно такое смешение остается характерным для весьма многих работ. Не желая здесь входить в полемику о том, насколько герои Толстого — сам Толстой, а герои Достоевского — сам Достоевский, отмечу лишь, что внутритекстовой анализ вообще исключает этот вопрос как не относящийся к его сфере, а потому я и не буду его больше касаться. По тем же причинам чужды мне будут все попытки выхода за рамки текста романа и привлечения других стихотворений Пастернака для объяснения живаговских. Со своей стороны думаю, что если даже стихи и не писались специально для романа и с точки зрения его героя, то, во всяком случае, отбирались таким образом, чтобы малая выборка (всего 25 стихотворений) могла представить читателю оригинального поэта со своим уникальным поэтическим миром. Не маловажно и то, что Живаго по сравнению с неживаговским Пастернаком поэт другой, с ярко выраженным и отличным от до- (и даже после-) живаговского Пастернака христианским мироощущением, другими словами, читательское воображение, базируясь лишь на материале романа, может представить и остальные стихотворения Живаго в таком же христианском ключе, в целом несвойственном внеживаговскому Пастернаку.

Другим трафаретным подходом к анализу стихотворений Живаго является попытка во что бы то ни стало привязать каждое из них к какому-нибудь определенному происшествию в жизни героя, как бы этим молчаливо признавая, что стихи только так и пишутся — по личным впечатлениям и в зеркальном соответствии с действительностью. Однако каждый, кто когда-либо писал свои стихи или занимался чужими, прекрасно знает, что это не так, что поэт получает лишь толчок, позыв к творчеству из окружающего (или внутреннего) мира, куда, кроме личного, входит и мир чужих чувств, чужих трагедий, книг, мифов и т. д., и выражает скорей не свое отношение к *данной* минуте и к *данному* человеку, а свое *обобщенное* отношение к подобному событию как таковому, независимо от того, насколько болезненно и конкретно было вызвавшее стихотворение личное переживание, часто вообще со всеми своими реально-жизненными подробностями оставляемое поэтом за бортом. Впрочем, критику не нужно даже высказывать по этому поводу свою точку зрения, ибо сам Пастернак, предостерегая читателя от прямолинейного суждения насчет художественного творчества, открывает перед ним поэтическую лабораторию своего героя. Особенно показателен пример того, как объект действительного чувственного впечатления — волки — перерастает в стихотворении в объект умозрительно-поэтический — дракона:

> Юрий Андреевич чувствовал, что мечтам его о более прочном водворении в Варыкине не сбыться, что час его расставания с Ларою близок, что он ее неминуемо потеряет, а вслед за ней и побуждение к жизни, а может быть, и жизнь. Тоска сосала его сердце. Но еще больше томило его ожидание вечера, и желание выплакать эту тоску в таком выражении, чтобы заплакал всякий.

Волки, о которых он вспоминал весь день, уже не были волками на снегу под луною, но стали темой о волках, стали представлением вражьей силы, поставившей себе целью погубить доктора и Лару или выжить их из Варыкина. Идея этой враждебности, развиваясь, достигла к вечеру такой силы, точно в Шутьме открылись следы допотопного страшилища и в овраге залег чудовищных размеров, сказочный, жаждущий докторовой крови и алчущий Лары дракон. (451)

Не вызывает сомнения, что ни один самый проницательный критик без этого объяснения не смог бы связать эпизод с волками из романа со стихотворением Живаго "Сказка". Более того, и при наличии этого объяснения совершенно неправомерно делать вывод о том, что дева стихотворения — Лара, дракон — Комаровский, а Георгий Победоносец — Юрий Живаго, ибо творческий процесс может идти и дальше и привести к более широкому обобщению и деперсонификации, к более универсальному символическому толкованию. Поэзия вообще символична, поэзия же Юрия Живаго открыто символична, и критики идут по правильному пути, когда они пытаются разобраться в ее символике, ошибаются они лишь когда пытаются перенести эту поэтическую символику в обратную сторону на каждодневную реальную жизнь героев романа и получают по меньшей мере курьезные результаты типа того, что Лара — это Россия, мать Тони — русская православная церковь и так далее — если уж признать роман символическим, нужно ведь расшифровывать всех его героев.[8]

Это тяготение к полному объяснению и сослужило дурную службу критикам, справедливо отметившим тематическую и эмоциональную связь некоторых отрывков прозаической части романа со стихотворениями Живаго. Да и там во многих случаях были отмечены расхождения, которые должны были бы насторожить исследователей. Больному тифом Юрию в жару представляется, что он пишет поэму под названием "Смятение" "не о воскресении и не о положении во гроб, а о днях, прошедших между тем и другим". Его преследуют две рифмованные строчки: "Рады коснуться" и "Надо проснуться". В действительных стихотворениях Живаго, затрагивающих сходную тему ("На страстной" и "Магдалина"), указанных строчек нет, как нет и вообще в живаговском цикле текста под названием "Смятение". Прозаический отрывок раскрывает нам образ мыслей и круг поэтических интересов Юрия Живаго, которые так или иначе воплощаются в его творчестве, но *опосредствованно*, ибо часто от замысла, поэтического толчка и даже обдумывания темы могут пройти годы до ее реального воплощения в стихотворении, причем в конечном тексте тема эта может быть иначе поставлена, иначе решена, другие жизненные впечатления могут наслоиться на ее первоначальную чувственную основу, она может стать не главной, а одной из нескольких тем стихотворения и т. д. Подобным же образом строчка, пришедшая в голову Живаго, когда он с Тоней проезжал мимо замерзшего окна комнаты, (впоследствии оказавшейся столь знаменательной для судеб героев): "Свеча горела на столе. Свеча горела.", становится стихотворением только через много лет, когда на это впечатление ранней юности напластовываются события зрелой жизни, так что и сам образ из конкретного превращается в символический. Наконец, некоторые стихотворения последней главы вообще не находят никакого соответствия в прозаической части, и искусственное подтасовывание гипотетических ситуаций, возможного адресата и времени действия (например, рассуждения о стихотворении "Белая ночь" со строчкой "Ты на курсах. Ты родом из Курска.") могут привести только к курьезам.[9]

Пафос всего вышеизложенного, однако, заключается не в том, что не надо искать соответствия между прозаической и поэтической частями романа. Наоборот, это необходимо для того, чтобы увидеть их единство, их внутреннюю взаимосвязь, которая, кстати, хорошо продемонстрирована в ряде работ на эту тему. Главное то, что анализ поэзии Живаго не должен *ограничиваться* поисками адресатов, реального времени и ситуации. Неизмеримо важнее вопроса о том, Ларе посвящено это стихотворение, Тоне или Марине, где, когда и по каким впечатлениям оно было написано, вопрос о том, как поэтический мир Живаго соответствует его реальной жизненной позиции, чем определяется этот поэтический мир, каковы его основные положения и, в конечном счете, каково поэтическое мировоззрение Юрия Живаго. И в этом плане критикой сделано немало, но сделанное зачастую тонет в лишних, а порой и ложных рассуждениях о вещах, выходящих за сферу анализа поэтического мира Живаго. Не ставя себе целью дать новую интерпретацию всех стихотворений Живаго и отсылая читателя к уже известным квалифицированным работам, я позволю себе высказать здесь лишь несколько соображений.

Читатель открывает обычно книжку стихов поэта не для того, чтобы узнать о его жизни или биографии, а для того, чтобы через его стихи понять что-то новое о мире и о себе. Поэтому каждое хорошее стихотворение можно представить как путь через единичное в универсальное, понятное всем и приложимое к каждому. С точки зрения этого универсального мне и хочется рассмотреть стихотворения Живаго.

"Гамлет" — это постановка вопроса об отношении к жизни. "Быть или не быть?", а точнее по-русски смысл его вопроса "Жить или не жить?" В свете мировоззрения Живаго вопрос этот может быть, однако, по-иному истолкован: Быть или не быть личностью? Быть или не быть верным своему таланту и истине? Быть или не быть, подчиниться господствующей сегодня тирании, диктатуре, потерять себя, стать лицемером, т. е. таким как все, или нет. Ключевая фраза стихотворения "Я один. Все тонет в фарисействе." ставит проблему разлада стремящейся к истине личности и стремящейся к власти диктатуры. Проблема осознана человеком — я другой, я не фарисей, я не хочу стать фарисеем. Что делать? Особенно кардинальной становится эта проблема для художника, творца, которому дан талант, направляющией его по иному пути. Талант всегда оригинален, диктатура всегда насилие массы, а потому художник всегда именно в силу своего таланта находится в оппозиции к любой диктатуре. Законы искусства и законы власти не состоят ни в какой зависимости, вопрос о конформизме или неконформизме находится вне сферы художественного творчества и входит в нее лишь тогда, когда диктатура подавляет талант, заставляет его подчиняться иным законам, чем законы искусства. Смириться или устоять? Быть художником или быть исполнителем социальных заказов? Участвовать в подавлении истины или не участвовать? Быть готовым на жертву ради истины или заниматься собственным благополучием? Жить или не жить по лжи? Дилемма эта и ситуация — архетипичны для человеческого общества. Примерами-архетипами людей, не отказавшимися от истины, для поэта Живаго являются Иисус Христос и Гамлет. Вопрос о том, как быть — сложный и мучительный, гамлетовские сомнения и страх характерны были даже для Иисуса, воззвавшего к Богу-отцу: "Чашу эту мимо пронеси". Тем не менее выбор сделан в пользу "быть". В этом выборе, с одной стороны, и в колебаниях, с другой, и есть то общее, что связывает образ поэта, Гамлета и Иисуса в стихотворении. Выбор сделан, но придерживаться истины будет не просто: "Жизнь прожить — не поле перейти". Универсальным в этом стихотворении является позиция поэта в условиях диктатуры, который должен неминуемо принять решение в пользу "быть", если он хочет спасти себя как творца. "Быть", однако, — это не обязательно вступить в открытую борьбу, но это, по крайней мере, категорически отказаться от участия в насилии, в построении мира неправды.

В одной из глав романа Юрий Живаго говорит о том, что в широком плане искусство имеет одну кардинальную тему — "приезд к родным, возвращение к себе, возобновление существования". Можно спорить с этой мыслью как таковой, но несомненно, что к стихам Живаго она полностью приложима. В этом плане и "Гамлет" — возвращение поэта к самому себе, к своему истинному; в этом смысле "возобновление существования" и стихи о любви ("Жизнь вернулась так же беспричинно, / Как когда-то странно прервалась."), и возрождение к жизни девы в стихотворении "Сказка", и новое понимание жизни Магдалиной, и воскресение поэта в живаговском понимании этого термина ("Август"), и, наконец, воскресение Христа ("На Страстной", "Гефсиманский сад"). Возрождение для Живаго становится вообще универсальным законом жизни, всего живого, на чувственном уровне наиболее ярко открывающимся человеку в природе. Стихотворение "Март" — один из таких примеров победы весны-жизни над зимой-спячкой, застоем, мнимой смертью. Стихотворение "На Страстной" объединяет и отождествляет воскресение в природе с Воскресением христианским:

Но в полночь смолкнут тварь и плоть,
Заслышав слух весенний,

Что только-только распогодь,
Смерть можно будет побороть
Усильем Воскресенья.

”Тварь” здесь дается в одном из древних значений ”все сотворенное”, а ”плоть” — все живое (телесное), иными словами, ”тварь — плоть” в стихотворении представляют оппозицию — ”природа и живые существа”.

В двух стихотворениях: ”Белая ночь” и ”Весенняя распутица” образ поэта символически передается в образе соловья, завораживающего пением как людей, так и саму природу:

Ошалелое щелканье катится,
Голос маленькой птички ледащей
Пробуждает восторг и сумятицу
В глубине очарованной чащи.

(”Белая ночь”)

Земля и небо, лес и поле
Ловили этот редкий звук,
Размеренные эти доли
Безумья, боли, счастья, мук.

(”Весенняя распутица”)

Важно также, что голос этот призван не только услаждать и вызывать сопереживание, но и открывать человеку новый мир красоты, пробуждать к жизни его душу. Соответствующий этому стихотворению прозаический отрывок сближает пение соловья с уже известной нам всеобщей темой Воскресения:

Юрий Андреевич возвращался верхом из города в Варыкино... Вдруг вдали, где застрял закат, защелкал соловей. ”Очнись! Очнись!” — звал и убеждал он, и это звучало почти как перед Пасхой: Душе моя, душе моя! Восстани, что спиши!..
(311—314)

Знаменательно и противопоставление в этих двух стихотворениях незначительного тела ”ледащей” птички и ее голоса, эмоциональная мощь и магнетизм которого позволяет поэту провести параллель между реальным соловьем и былинным соловьем-разбойником. Здесь заложена мысль о значительности, универсальной притягательности искусства и, в частности, поэзии по сравнению с физической неприметностью, обыкновенностью самого исполнителя — в поэте важен для людей прежде всего творец, а не его каждодневная человеческая суть. Симптоматично в связи с этим, что в романе отсутствуют какие-либо трафаретно-положительные оценки внешности Юрия Живаго, которые бы могли подчеркнуть его внутреннюю недюжинность, как это делается обычно в беллетристике. Подобным же образом не героизируются и его поступки, не оправдываются его грехи.

Стихотворение "Хмель" также выводит нас из единичного в универсальное. Страсть и желание — это тоже дар жизни, приносящий радость и наслаждение, дар, который помогает человеку осознать и прочувствовать как красоту окружающего мира, природы, так и красоту любви между мужчиной и женщиной. Кроме христианской любви, нисколько не противореча ей, а зачастую и с ней сочетаясь, существует любовь чувственная, и отвернуться от нее или ее осудить есть такое же фарисейство, как и любой акт, направленный против истины и против жизни. Умерщвление плоти для Живаго — это ложно понятое церковниками учение о греховности излишеств, о телесном, грозящем взять верх над духовным, о попадании в плен к материальному. Церковники подняли ограничение до уровня запрета, то есть довели смысл учения до абсурда, ибо одно дело воздерживаться от обжорства, но другое дело не есть. Если в прозаической части сексуальная любовь нигде не выставлена напоказ, а только лишь подразумевается, в поэзии Юрий говорит о ней более открыто. Причем зачастую в поэзии Живаго речь идет не только о конкретной женщине, но женщине вообще, ее миссии внушать любовь мужчине, ее притягательности как существа, воплотившего в себе чудо женственности. Ведь Живаго в большинстве случаев говорит не о своей чувственности, лишь иногда хмелем ударяющей в голову, а о своем восхищении женщиной как таковой, о своем восприятии ее как чуда:

Быть женщиной — великий шаг,
Сводить с ума — геройство.

А я пред чудом женских рук,
Спины, и плеч, и шеи
И так с привязанностью слуг
Весь век благоговею.

> ("Объяснение")

Та же мысль подспудно содержится и в известной прозаической параллели, где женственность сравнивается с заряженностью электричеством.

Универсальное в любовной лирике Живаго обнимает целый диапазон разнообразных чувственных отношений между мужчиной и женщиной. Это и первое ощущение приближающейся любви-тайны ("Белая ночь"), и переживания, связанные с расставаниями и встречами ("Объяснение", "Осень"), и предвкушение физической близости ("Хмель"), и трагедия прощания с любимой навсегда ("Разлука"), и предопределенность любви, любовь как проявление судьбы, до поры до времени скрытой от человеческого сознания ("Зимняя ночь"), и, наконец, любовь, переживающая героев, продолжающаяся и напоминающая о себе после смерти ("Ветер", "Свидание").

На стихах христианского плана я здесь не буду останавливаться, ибо они наиболее полно и наиболее успешно проанализированы в соответствующих исследованиях.[10] В заключение — лишь несколько соображений о стихотворении "Сказка", которое мне представляется наиболее символичным, воплощающим кардинальную тему всего романа — борьбу индивидуального сознания за истину против тирании.

Всадник, или "конный", как он именуется в стихотворении, — это человек, выполняющий свою миссию в жизни — стоять на страже истины и справедливости. На одном из участков пути его начинает томить предчувствие: где-то происходит несправедливость, но ему лучше бы не ввязываться в борьбу с ней, ибо это небезопасно для его жизни. Однако всадник наперекор предчувствию ведет коня к месту действия неправды:

И глухой к призыву,
И не вняв чутью,
Свел коня с обрыва
Попоить к ручью.

Подъехав к месту действия, конный видит следующую картину: огнедышащий дракон мучает красавицу-деву. Дракон в стихотворении — олицетворение тирании зла, дева — символ истины, отдаваемой людьми на поругание ради личного благополучия:

> Той страны обычай
> Пленницу-красу
> Отдавал в добычу
> Чудищу в лесу.
>
> Края населенье
> Хижины свои
> Выкупало пеней
> Этой от змеи.

С молитвой, обращенной к Богу, всадник решает прийти на помощь деве-истине:

> Посмотрел с мольбою
> Всадник в высь небес
> И копье для боя
> Взял наперевес.

Так кончается вторая часть стихотворения. Отметим попутно, что "Сказка" — это стихотворение-триптих, построенное наподобие трехчастной иконы о житии Георгия-Победоносца (в реальности вряд ли существующей именно в таком виде): первая часть — картина едущего вооруженного витязя, вторая часть — вид дракона, мучающего деву, третья часть — победа витязя над драконом. Конный вышел из боя победителем, однако эта заключительная часть сказки-притчи отличается от стандартного образа Георгия-Победоносца, попирающего змею копьем. Здесь картина другая:

> Конь и труп дракона
> Рядом на песке.
> В обмороке конный,
> Дева в столбняке.

В некотором роде и это стихотворение по сути своей

христианское. Георгий-Победоносец, как и Христос, поразил кардинальную основу зла. Но окончательная победа должна быть достигнута самими людьми. Пока же торжество правды чередуется с периодами аппатии, забытья, сна. Те же состояния характерны и для девы-истины, и для борца-победителя:

> То, в избытке счастья
> Слезы в три ручья,
> То душа во власти
> Сна и забытья.
>
> То возврат здоровья,
> То недвижность жил
> От потери крови
> И упадка сил.
>
> Но сердца их бьются.
> То она, то он
> Силятся очнуться
> И впадают в сон.

Так как борьба, правда уже другого порядка, еще не закончена полным торжеством истины, стихи приобретают значение притчи, славящей позицию активного вовлечения в борьбу с тиранией. Отсюда и внетемпоральный и внелокальный, или, лучше сказать, универсальный, годный для всех времен и мест план стихотворения, обнаруживающийся в идентичных строфах, окольцовывающих третью часть:

> Сомкнутые веки.
> Выси. Облака.
> Воды. Броды. Реки.
> Годы и века.

Конный, победивший дракона-тиранию и спасший деву-истину, есть символ и пример для каждого человека, ищущего справедливости, пример активной борьбы со злом, может быть, слишком идеальный по сравнению с самим Живаго и его поступками, но главное, однако, то, что автор, стремясь к такому идеалу и призывая к нему других, уже, несомненно, сам находится на правильном пути.

"МАСТЕР И МАРГАРИТА"

В ПОИСКАХ КРАЕУГОЛЬНОГО КАМНЯ

О романе "Мастер и Маргарита" написано к настоящему времени немало работ, но фраза его переводчика Майкла Гленны об отсутствии в романе краеугольного камня по сей день остается сакраментальной для многих исследователей.[1] Причиной этому, с моей точки зрения, является повышенный интерес большинства критиков к важным, но периферийным литературоведческим проблемам, при рассмотрении которых авторы все дальше и дальше отходят от самого текста романа и анализа его тем, идей, героев и художественной структуры.[2]

При этом становится очевидной одна забавная особенность: критики во что бы то ни стало стараются втиснуть роман в привычные рамки литературной традиции, преемственности, стереотипных условностей жанра и т. п., и порой неприятно удивлены тем, что роман не поддается такой стереотипизации.

Роман Булгакова для русской литературы, действительно, в высшей степени новаторский, а потому и нелегко дающийся в руки. Только критик приближается к нему со старой стандартной системой мер, как оказывается, что кое-что так, а кое-что совсем не так. Платье менипповой сатиры при примеривании хорошо закрывает одни места, но оставляет оголенными другие,[3] propповские критерии волшебной сказки приложимы лишь к отдельным, по удельному весу весьма скромным, событиям, оставляя почти весь роман и его основных героев за бортом,[4] фантастика наталкивается на сугубый реализм, миф на скрупулезную историческую достоверность, теософия на демонизм, романтика на клоунаду.

Подобные же попытки подойти к роману с набором стандартных гаечных ключей наблюдаются и по отношению к структуре. Как красиво и стройно было бы строение романа, если бы героям мифической (исторической) части соответствовали бы герои реалистической части, с каким пафосом можно было бы превозносить геометрическую четкость и пластичность тематических параллелей романа! Но роман, как назло, так и норовит подгадить критику. Не успел критик обнаружить параллель, как линии вдруг пересекаются, расходятся, а то и вовсе исчезают, чтобы больше не появиться. Вот, например, Мастер. У него есть ученик, поэт Бездомный, и у Иешуа был ученик — Левий Матвей. Параллель? Да, но дальше все как-то не сходится.[5] И так со всеми параллелями. А может быть, следует искать параллели не внутри текста, а снаружи? Может, это иносказание, эзопов язык, шифр? Может, Воланд — это Сталин, Коровьев — Молотов (у того и другого фамилии музыкальные: Фагот и Скрябин), а усатый кот Бегемот, вы, конечно, уже догадались, не кто иной как маршал Буденный?[6] Нет, подобная расшифровка только приводит исследователей к конфузу.

Может быть, обратиться к литературным и мифологическим реминисценциям? Например, тема Фауста, так явно звучащая в романе? Но опять недоразумение: Мастер — не Фауст, Маргарита Николаевна совсем не Гретхен, даже Сатана-Воланд мало чем напоминает Мефистофеля — ни бородки, ни мрачного демонизма.[7] В мифологическом плане тоже неудача — Иешуа не совсем Христос: где чудеса, проповеди, ученики, воскресение?[8] А, может, мы идем не по тому пути, и роман — это скрытая полемика с Фаустом, Новым заветом, или, наконец, Золотым теленком?[9] Да, следует признаться, что метод параллелей как-то плохо работает и тематически, и в жанровом, и в межлитературном, и в политическом ключе. Но кто решил, что наличие параллелей — это хорошо, а их отсутствие — плохо? Этого критики не знают. Может быть, следует отказаться от их поисков? Но нет, на это критики пойти не могут. Может быть, говорят они, это новая манера Булгакова как писателя — наметить параллель и бросить. Может, Булгаков — мастер скользящих ассоциаций, и включает иронию, параллель, полемику, намеки, реминисценции на все произведения русской и мировой литературы? На Чацкого: Бездомный после купания в реке попадает в Грибоедов, то есть "с корабля на бал", с другой стороны, он же не ассоциируется ли с Иешуа: Иван встречает в ванной голую гражданку и та замахивается на него мочалкой (ср.: губку, поданную Иешуа в сцене казни); беседа Мастера и Бездомного в клинике не вводит ли тему тюрьмы и сокровища — ведь перед нами параллель с "Графом Монте-Кристо" (сцена в тюрьме между аббатом и Эдмоном)?[10] Может быть, да, а, может быть, нет. На этих вопросах я сейчас не намерен останавливаться, тем более, что ассоциации у каждого свои и могут далеко завести как критика, так и читателя. В этой работе я пойду другим путем: я не буду, по мере возможности, говорить о других произведениях мировой и русской литературы, о библейском Иисусе Христе и Пилате, о гетевском Мефистофеле, Фаусте и Гретхен, о реальных и нереальных прототипах героев или зашифрованных политических лидерах. Объектом моего внимания будет сам роман, его текст, его события и его герои, которых я буду называть так, как их назвал Булгаков.

ФИЛОСОФСКИЙ УРОВЕНЬ

Все будет правильно.
На этом построен мир.
(Воланд)

ГРЕХ ИУДЫ И ГРЕХ КАИФЫ

То, что роман "Мастер и Маргарита" весьма оригинален в жанровом отношении, не вызывает сомнений. В нем четко выделяются по крайней мере четыре разных жанра: *сатирическая повесть* (части, связанные с описанием литераторской (МАССОЛИТ) и театральной (Варьете) жизни Москвы, *историческая повесть* (Иешуа и Понтий Пилат), *повесть о любви* (Мастер и Маргарита) и *приключенческая повесть* (похождения Воланда и его свиты в современной Москве). Последний жанр к тому же вводит роман в фантастический план, который фабульно объединяет разные части романа образом Сатаны-Воланда, фигурирующим на всем его протяжении и фактически скрепляющим своим присутствием разные в структурном и жанровом отношении части романа. Однако, если Воланд участвует в деле сюжетосложения, соединяя бытовой, исторический, любовный и фантастический уровни, так сказать, личным присутствием, то самый главный уровень — философский — создается зримым и незримым участием Иешуа Га Ноцри, его идеями и личной судьбой. С рассмотрения философского уровня мы и считаем необходимым начать анализ "Мастера и Маргариты".

В романе Булгакова философ Иешуа Га Ноцри проявляется как таковой следующими философскими сентенциями:

1. Все люди добрые, злых людей нет на свете.
2. Правду говорить легко и приятно.
3. Трусость — один из самых главных человеческих пороков.
4. Рухнет храм старой веры и создастся новый храм истины.
5. Перерезать волосок может лишь тот, кто его подвесил.
6. Всякая власть является насилием над людьми. Настанет время, когда не будет власти ни кесарей, ни какой-

70

либо иной власти. Человек перейдет в царство истины и справедливости.

7. Бог один, в него я верю.

Тематически история Иешуа в романе распадается на две коллизии: 1) Иешуа и духовная власть Ершалаима и 2) Иешуа и римская власть.

Духовная власть Ершалаима во главе с первосвященником Каифой первой узнает о бродячем философе и его проповедях. Проповеди эти, с точки зрения ортодоксального духовенства, содержат отклонение от общепринятых и освященных традицией догматов веры иудаизма, то есть фактически являются ересью. Более того, с позиций адептов канонизированного и скрепленного самим Богом вероучения, сентенция: "Рухнет храм старой веры" равносильна утверждению о его неполноценности и даже порочности, таким образом, проповедующий сие является вероотступником и подпадает под статью духовного закона "об оскорблении веры". Все это было бы не так важно, если бы речь шла о взглядах одного человека, но духовная власть Ершалаима получила сведения о необыкновенном влиянии речей Иешуа на народ, о том, что у него нашлись последователи и даже ученики. Таким образом, Иешуа представлял, с точки зрения Каифы, первосвященника Ершалаима, реальную угрозу духовной власти Иудеи и должен был быть каким-то образом нейтрализован. Каифа и берется осуществить эту нейтрализацию.

Очень важно отметить чувство, которым руководствуется Каифа в своем преступлении. Чувство это — фанатизм, незыблемая вера в единственность и непреложность своих взглядов при крайней нетерпимости к другим формам мышления, а также и готовность отстаивать их правоту любой ценой. Характернейшей чертой фанатизма, как религиозного, так и светского, является его яростная неутомимая борьба с любыми формами инакомыслия, которая в большинстве случаев кончается гонениями и физическим уничтожением его носителей. В романе Булгакова первосвященник Каифа — яркое воплощение этого чувства: фанатизм лежит в основе его ненависти к Иешуа и является той движущей силой, которая толкнула его на преступление. Каким же образом Каифа его осуществляет?

На пути к устранению Иешуа имеются два препятствия: первое — моральный закон Бога "не убий", второе — чисто техническая трудность, связанная с тем, что духовная законодательная власть Ершалаима — Малый Синедрион, может лишь вынести приговор, но сам привести его в исполнение не может: последней законодательной инстанцией является римская власть, в частности, прокуратор Иудеи, который утверждает или не утверждает решение Синедриона. У Каифы есть основания полагать, что теперешний прокуратор Понтий Пилат при любой удобной возможности постарается сделать не так, как того хочет Каифа. Из текста романа мы узнаем, что они являются давними врагами — Пилат ненавидит Каифу и его веру, да к тому же знает, что Каифа несколько раз жаловался на него кесарю. Каифа ненавидит прокуратора, считая его грубым солдафоном, завоевателем и яростным врагом иудейского народа.

Первое препятствие — моральное — обходится Каифой с легкостью, заповедь ”не убий” трактуется как ”не убий сам”. Таким образом снимается с себя моральная ответственность за подстроенное, но совершенное не своими руками злодеяние; понятие о соучастии в грехе, моральной ответственности, осуждении собственной совестью в булгаковском образе Каифы отсутствует: фанатизм не оставляет в его душе места для раскаяния.

Второе препятствие — техническое — волнует его в большей степени, ибо официально, за отсутствием состава преступления, Каифа арестовать и осудить Иешуа не может, а для римской власти, языческой и не вмешивающейся в религиозные верования и распри подвластных ей территорий, в действиях мирного проповедника не содержится ничего преступного. Но Каифа должен устранить Иешуа и у него возникает хитроумный план: выдвинуть против Иешуа такие обвинения, в которых бы для римской власти содержался состав преступления.

Этими двумя обвинениями, сформулированными на основе заведомого искажения смысла речей Иешуа, явились обвинения в том, что бродячий философ призывал народ к физическому разрушению Иерусалимского храма и к непризнанию в Иудее власти кесаря.

Обвинения эти позволяли Каифе достигнуть одновременно двух целей: он знал, что преступления подобного рода караются по римским законам смертью, т. е., что Иешуа будет казнен, и второе, он будет казнен римской властью, т. е. в преступлении неповинен окажется не только сам

Каифа, но и все духовенство Иудеи — казнь будет выполнена чужими руками.

План Каифы был приведен в исполнение следующим образом. Наемный провокатор Иуда из Кириафа за тридцать тетрадрахм согласился подстроить обвинение Иешуа. Он пригласил философа к себе в дом и, предварительно вызвав римскую стражу, которая должна была подслушивать их разговор, попросил его повторить то, что он говорил людям о храме и о власти. В результате таких действий Иуды (которые могут быть квалифицированы как донос и провокация) Иешуа был схвачен, избит и отведен на суд к Пилату. Если мотивом греха Каифы в романе является фанатизм, то Иуда пошел на преступление ради денег, ради собственной выгоды. Грех Иуды — предательство ради собственного благополучия, как мы увидим в дальнейшем, явится прообразом греха, охватившего Москву 20 века, и, в частности, параллелью предательства Алоизием Магарычем Мастера, с целью получить его квартиру. Итак, с помощью Иуды Каифа добился того, что Иешуа был взят под стражу и предан суду Пилата.

ГРЕХ ПИЛАТА

Пятый прокуратор Иудеи Понтий Пилат, разобрав дело Иешуа и поговорив с ним, понял, что бродячий философ ни в чем не виновен и не представляет собой угрозы римской власти. Кроме того что прокуратор убедился в невиновности Иешуа, он за время разговора проникся к нему определенной симпатией. Прокуратор, оценив необычные способности Иешуа как врача и как психолога (Иешуа излечивает головную боль Пилата, а также угадывает, что последний хотел позвать свою собаку), искренность и смелость арестованного в разговорах с ним, глубину и оригинальность его мышления (беседа о том, что есть истина; разговор о том, что срезать волосок может только тот, кто подвесил его и т. д.), решает не осуждать его на казнь, кроме того, вскоре, разобравшись в деле, он находит, что Иешуа вообще ни в чем не виновен.

Вся первая половина допроса касалась обвинения, содержащегося в первом (и, как думал Пилат, единственном) пергаменте, а именно: подстрекательство к разрушению Иерусалимского храма. Выяснив, что фраза о храме была употреблена метафорически и что Иешуа незнаком с другими арестованными по делу о нарушении порядка в городе — Гестасом, Дисмасом и Вар-раваном — Пилат сформулировал в уме текст приговора:

...игемон разобрал дело бродячего философа Иешуа, по кличке Га-Ноцри, и состава преступления в нем не нашел. В частности, не нашел ни малейшей связи между действиями Иешуа и беспорядками, происшедшими в Ершалаиме недавно. Бродячий философ оказался душевнобольным. Вследствие этого смертный приговор Га-Ноцри, вынесенный Малым Синедрионом, прокуратор не утверждает. Но ввиду того, что безумные, утопические речи Га-Ноцри могут быть причиною волнений в Ершалаиме, прокуратор удаляет Иешуа из Ершалаима и подвергает его заключению в Кесарии Стратоновой на Средиземном море, то есть именно там, где резиденция прокуратора.[11] (27)

Однако в наличии оказался второй пергамент, в котором Иешуа обвинялся в преступлении, каравшемся смертной казнью — оскорблении власти кесаря. Это было серьезное обвинение, и по закону все вопросы прокуратора и ответы обвиняемого должны были быть запротоколированы секретарем. Пилат знал, что при дворе стареющего, больного проказой, капризного и подозрительного Тиверия царила атмосфера предательства и доносов — многие высокопоставленные лица государства стали жертвами подозрительности, клеветы и придворных интриг. Перед мысленным взором Пилата возник образ Тиверия, диктующего новый закон:

> Опять-таки виновата была, вероятно, кровь, прилившая к вискам и застучавшая в них, только у прокуратора что-то случилось со зрением. Так, померещилось ему, что голова арестанта уплыла куда-то, а вместо нее появилась другая. На этой плешивой голове сидел редкозубый золотой венец; на лбу была круглая язва, разъедающая кожу и смазанная мазью; запавший беззубый рот с отвисшей нижней капризною губой. Пилату показалось, что исчезли розовые колонны балкона и кровли Ершалаима вдали, внизу за садом, и все утонуло вокруг в густейшей зелени капрейских садов. И со слухом совершилось что-то странное — как будто вдали проиграли негромко и грозно трубы и очень явственно послышался носовой голос, надменно тянущий слова: "Закон об оскорблении величества..." (28)

Здесь прокуратор, по-видимому, понял, что Малый Синедрион не случайно приговорил Иешуа к смерти и что теперь ему будет нелегко спасти бродячего философа, не навлекая на свою голову грозы, тем более, что у кесаря Пилат был не на очень хорошем счету вследствие частых жалоб местных властей на его жестокость, грубость и самоуправство. Тем более трудно будет Пилату оспаривать решение Каифы, который был его врагом и уже несколько раз жаловался на него кесарю. (Об этом мы узнаем из беседы Пилата с Каифой, состоявшейся уже после вынесения приговора). Отметим здесь, что именно духовная власть Ершалаима, ненавистного Пилату города, так раздражала его, пытаясь, с его точки зрения, всячески опорочить и оклеветать его действия и ставя препоны его распоряжениям. Единственное, что могло спасти Иешуа от этих серьезных обвинений, было их полное отрицание.

Понтий Пилат, желая спасти Иешуа, пытается несколько раз намекнуть философу на то, как ему нужно отвечать, то взглядом, то выражением лица, то жестом, то своеобразно поставленным вопросом, то прямой подсказкой нужного ответа: "Говорил? Или... не... говорил?"... "И что же ты сказал? — или ты ответишь, что ты забыл, что говорил?", но бродячий проповедник, считавший, что надо говорить только правду, не обращал внимания на тайные знаки Пилата и фактически подтвердил своими ответами выдвинутые против него обвинения. Секретарь тщательно записал все ответы Иешуа, и Пилат понял, что если теперь он решится спасти Иешуа, он поставит себя в крайне щекотливое положение: пойти на это — значит подставить под удар свою карьеру.

И тут пятый прокуратор Иудеи, всю жизнь отличавшийся личной храбростью, никогда не боявшийся внешних врагов, всегда бесстрашно бросавшийся в бой с противником, испугался. Страх перед кесарем и его наушниками заставляет его выкрикивать сорванным голосом верноподданические лозунги ("На свете не было, нет и не будет никогда более великой и прекрасной для людей власти, чем власть императора Тиверия!"), выкрикивать слова так, чтобы их слышали в саду: "Преступник! Преступник! Преступник!"

Боязнь Пилата навлечь на свою голову неприятности прямо выражена в последних словах допроса, обращенных непосредственно к Иешуа: "Ты полагаешь, несчастный, что римский прокуратор отпустит человека, говорившего то, что говорил ты? О, боги, боги! Или ты думаешь, что я готов занять твое место?" Пилат не готов занять место Иешуа, карьера оказывается для него дороже истины, а страх толкает его на преступление. Страх заставляет Пилата утвердить смертный приговор Малого Синедриона человеку, в невиновности которого он нисколько не сомневается.

Грех Пилата — трусость, один из самых, по словам Иешуа, тяжких человеческих грехов, является прообразом второго греха, охватившего Москву нашего времени, греха намного более серьезного, чем фанатизм (грех Каифы) или чем алчность (грех Иуды), ибо алчность есть сознательный выбор бездушного, эгоистичного, лишенного совести человека, сознательный, то есть принятый добровольно и не ведущий к внутреннему разладу, а грех Пилата — выбор насильственный, выбор, сделанный вопреки своей истинной природе и совести, выбор, результатом которого является или полное моральное падение человека, или постоянный разлад с самим собой, вызванный угрызениями совести. Именно такие угрызения и начинают мучить Пилата с того самого момента, когда он понимает, что боязнь интриг помешает ему вынести справедливый приговор.

Осудив Иешуа на смерть, Пилат сразу же старается компенсировать свой промах — он искусными речами пытается уговорить Каифу отпустить философа в честь праздника Пасхи, когда же последнее ему не удается, он старается умалить свою вину добрыми делами: актом милосердия — правда не в традиционном христианском смысле, приказывая убить Иешуа, чтобы прекратить его мучения, и актом мести, казня Иуду руками служителей тайной полиции. Знаменательно, что последние два акта полностью совпадают с тем, что замыслил друг и ученик Иешуа, Левий Матвей, но не успел осуществить. И тем не менее угрызения совести не уменьшаются. Грех Пилата не прощается ни им самим при жизни, ни Высшей Властью спустя многие столетия после его смерти.

Историческая новелла, иллюстрирующая три архетипических греха — Каифы, Иуды и Пилата, является как бы философско-моральным фоном для рассмотрения жизни современной Москвы, представленной на фантастическом (похождения Воланда), сатирическом (МАССОЛИТ и Варьете) и романтическом (Мастер и Маргарита) уровнях.

ПОНЯТИЕ ГРЕХА И ПОНЯТИЕ ДОБРОДЕТЕЛИ

Грех, как мы сможем убедиться, внимательно читая роман, в мировоззрении Булгакова — неотъемлемый результат натуры человека, иными словами, человек искони грешен. Сама греховность человека не удивляет автора и не шокирует его как психолога: грех объясним, а следовательно, закономерен и даже во многих случаях предсказуем.

Грех интересует автора не как психолога, а как историка, подметившего, что вопреки казалось бы умозрительно предсказуемой устойчивости проявления греховных деяний, закономерного, колеблющегося в незначительных пределах их уровня (или, говоря в современных терминах, постоянное среднее число грешников на одинаковую выборку населения), греховность в разные исторические периоды оказывается разной. При этом не только процент греховных деяний повышается или понижается, но меняется и сам характер грехов.

Историка-социолога интересует не столько вопрос о том, какой грех в абсолюте тяжелее, а какой легче (скажем, "не убий" или "не укради"), сколько распространенность, общественная значимость, массовость греха. Если в период революции и гражданской войны в России массовым грехом было убийство, то в 20-х и 30-х годах советских людей охватила эпидемия трех греховных вирусов — Каифы, Иуды и Пилата — фанатизма, предательства и трусости. Поэтому притча о Иешуа и Пилате показалась Булгакову злободневной и именно в ее историческом, а не мифическом и не теологическом истолкованиях.

Грех фанатизма, представленный революционерами-Каифами, слепо верящими в догмы коммунизма и готовыми идти по трупам ради достижения его сияющих вершин, собрал свою основную жатву в годы революции, гражданской войны и военного коммунизма. Для 20-х и 30-х годов образ коммуниста-фанатика типа Дзержинского (советский Каифа), ведущего аскетический образ жизни и одержимого лишь одной идеей, мало-помалу перестает быть злободневным. Тем не менее слепо верящих было еще достаточно как в правящих кругах, так и среди народа. Но не их осуждает Булгаков, ибо многие из них, желая свободы, равенства и братства для всех и совершая во имя светлых лозунгов черные злодеяния, заблуждались искренне, сеяли зло вместо добра, не сознавая этого.

Более тяжким был Иудин грех, грех предательства, представленный теми, кто прекрасно знал, что коммунистическая идея не представляет собой истины, но кто притворялся, что разделяет эту идею, приспосабливался к власти, предавая истину ради собственного благополучия. К таковым принадлежала масса беспринципных, уживающихся при любой власти демагогов, ловкачей и хитрецов, типа описанных в сатирических частях романа членов МАССОЛИТа, администрации Варьете и представителей других государственных учреждений.

Наконец, самым тяжким для своего времени автор считал Пилатов грех трусости, грех русской интеллигенции, знавшей истину, но боявшейся открыто выступить с разоблачением как фанатических идей, так и лиц, паразитирующих под их прикрытием. Парадоксально, что эти три массовых греха — Каифов, Иудин и Пилатов — получили наибольшее распространение в таких, казалось бы, разных общественных структурах, как коммунистическая Москва и имперский Рим. Именно в сходности тирании власти, против которой так горячо выступал проповедник Иешуа, вырисовывается параллель между современной Москвой и древним Ершалаимом.

Естественно, что массовый грех наносит много больший вред, чем грех индивидуальный, личный, ибо в результате личного греха погибают единицы, а в результате массового — тысячи и десятки тысяч людей, и погибают не только физически, но и духовно. Поэтому личный грех, даже самый тяжкий, ни в какое сравнение по вредности и размаху с массовым грехом не идет. Заметим, что в коллекции великих грешников, представленных на балу у Воланда, превалируют случаи частные — в основном убийства, связанные с любовными интригами. Маргарита даже перестает интересоваться новыми посетителями и их проступками, настолько они ей кажутся однообразными, лишь Малюта Скуратов — воплощение массового греха, привлекает ее внимание. В этом смысле участники бала с их личными грехами не идут ни в какое сравнение по размаху и объему зла, творимого массовыми грехами в современной Москве. Поэтому и личный грех Мастера и Маргариты — прелюбодеяние (оба они состоят в супружестве с другими лицами) не представляет угрозы обществу, не приносит ему вреда, нс обрекает на казнь невинных и как бы вообще не ставится им в вину ни Воландом, ни его свитой. Впрочем, причиной этому не только личный характер их греха, но и способность этих людей к добродетели.

Если высшим выражением зла в романе является причастность человека к одному из массовых грехов (Каифы, Иуды и Пилата), то добродетель проявляется в трех видах: в приверженности к истине, в смелости и в сострадании.

Архетипически эти добродетели воплощены прежде всего в образе Иешуа Га-Ноцри, который всегда говорит правду, не боится высказать свое мнение и свое отношение к чему-либо и обладает чувством сострадания, то есть заботы о ближнем, который для него всегда "добрый человек". Эти три отношения выражены в следующих его сентенциях:

1. Правду говорить легко и приятно.

2. Трусость — один из самых тяжких человеческих пороков.

3. Все люди добрые, злых людей нет на свете.

И смелость, и приверженность правде демонстрируются Иешуа в беседе с людьми и, в частности, с Пилатом; акт сострадания представлен в истории о Иешуа трижды: бродячий философ испытывает жалость к Пилату, который обязан вести допрос, хотя у него раскалывается от боли голова (таким образом Иешуа невольно выступает в качестве его палача, что его крайне огорчает); он беспокоится о судьбе Иуды, с которым, как он предчувствует, случится беда, хотя в эту минуту решается вопрос о его собственной жизни; и в третий раз, когда умирающий Иешуа, котрому подносят губку с водой, просит, чтобы и разбойнику Дисмасу дали попить.

Последнее качество — сострадание к ближнему (а ближний — любой, ибо все люди — добрые) и является пробным камнем истинной человечности, присущей очень немногим из действующих лиц романа.

Главным образом сострадание проявляется у Маргариты, поэтому, скорее она, а не Мастер, как полагают некоторые критики, является характером наиболее близким к Иешуа-Христу. Ее забота о ближнем, умение болеть за него душой проявляется как в мелких, так и в больших поступках. Маргарита делает дорогие подарки своей домработнице Наташе; разгромив квартиру Латунского, она находит добрые слова, чтобы успокоить чужого ребенка в соседней квартире, напуганного звуком бьющихся стекол; на балу у Воланда она просит последнего не посылать превратившегося в борова соседа Николая Ивановича к поварам, думая, что его хотят там изжарить; даже ненавистного Латунского, который погубил Мастера, она жалеет, не принимая предложения Азазелло в два счета расправиться с ним. Наконец, после бала, вместо того, чтобы просить за себя и за Мастера, она просит Воланда избавить от мучений Фриду — соблазненную и покинутую женщину, задушившую своего ребенка.

Добродетели Маргариты намного перевешивают ее грехи, поэтому и зло не имеет над ней власти, не может причинить ей вреда. Даже тот единственный грех, в котором ее можно обвинить, — нарушение супружеской верности (грех Анны Карениной, погубленной за него моралистом-Толстым) — совершается из иных чувств и побуждений, чем, скажем, тот же грех у других действующих лиц романа — валютчика Дунчиля и председателя Акустической комиссии московских театров Семплеярова. Последние, обманывая своих жен, не тяготятся двусмысленностью своего положения, ибо сознательно идут на этот грех, руководствуясь лишь своими корыстными и эгоистическими интересами. Маргарита же совершает грех не ради похоти, а ради любви, причем любви скорее духовной, чем плотской (не случайно телесная сторона отношений Мастера и Маргариты тщательно обходится автором стороной, ибо она лишь вторичное по отношению к главному — духовной близости и самопожертвованию).

На образе Маргариты следует остановиться подробнее. Не случайно в романе упор делается на ее душевную и духовную жизнь. Маргарита прекрасно устроена, ни в чем не нуждается, не знает ужасов совместного существования в коммунальной квартире, может тратить деньги как ей заблагорассудится, имеет прекрасные туалеты и украшения, наконец, она замужем за добрым, талантливым в своей области человеком, который ее любит. "Словом... она была счастлива?" — иронически предугадывает автор-повествователь реакцию рядового читателя на описание прекрасно устроенной в бытовом отношении, красивой и праздной Маргариты, и тут же в следующей фразе, опрокидывая стереотипную колею обывательского мышления, замечает: "Ни одной минуты!" Почему же несчастна Маргарита, чего ей не хватает в жизни? Очевидно, любви, ибо мужа она не любит. Но какой любви? И только ли любви?

Маргарита — одна из тех женщин, которые тоскуют по любви действенной, любви поддерживающей и дающей, а не использующей и берущей. Не любовные утехи и удовлетворение женского тщеславия привлекают ее, а близость в первую очередь душевная и духовная, возможность не только разделить с любимым человеком его жизнь, но и стать активным началом, ее вдохновительницей. Будучи по природе человеком эмоциональным, способным глубоко чувствовать, сопереживать, понимать психологию людей, воспринимать красоту мира и искусства, Маргарита не одарена никаким созидательным талантом и не находит применения своей чувственной и интеллектуальной энергии. Ей нужен не столько любовник, сколько человек духовно и душевно ей близкий, человек с такими интересами и целями, которые она может активно разделить (в романе глухо намекается на то, что интересы мужа были ей чужды), и, наконец, человек, нуждающийся в ее эмоциональной и чувственной поддержке. Таким образом, житейская приспособленность, независимость, самоуверенность, мужская сила и покровительство, сознание своей физической и физиологической полноценности — то есть стандартные черты любовника-мачо, не являются привлекательными для Маргариты. Она сама ищет активности и приложения, иными словами, ей нужен Мастер, натура талантливая и артистическая, но в чем-то слабая и незащищенная, нуждающаяся в любви, заботе и поддержке.

Для Мастера главным в любви также является не плотскость, а способность жить общими интересами, духовная и интеллектуальная совместимость, которая отсутствовала в его прежней жизни, так что он даже не может вспомнить имени той, с кем он раньше жил:

> ...и я там тогда... с этой, как ее...
> — С кем? — спросил Бездомный.
> — С этой... ну... с этой, ну... — ответил гость и защелкал пальцами.
> — Вы были женаты?
> — Ну да, вот же я и щелкаю... На этой... Варень-
> ке, Манечке... нет, Вареньке... еще платье полоса-
> тое... музей... впрочем, я не помню. (115)

До встречи с Мастером жизнь Маргариты была пуста, и она готова была уже отравиться, так нерадостно и бесцельно было ее существование. Любовь к Мастеру становится ее жизнью, его творчество — ее творчеством. Любовь Маргариты включает в себя активную борьбу за Мастера, за его выживание как творческой личности. В этом смысле Маргарита становится для него необходимой, ибо она намного сильнее и смелее его и именно благодаря ее вмешательству происходит "извлечение Мастера", то есть его духовное спасение.

Важно подчеркнуть, что сама готовность Маргариты заложить душу дьяволу проистекает не от алчности или себялюбия, а является актом самопожертвования во имя спасения любимого человека, то есть подоплекой греха оказывается высшая форма добродетели. Если уж пускаться в литературную компаративистику, Маргарита совершает фаустовскую сделку с сатаной лишь по форме, мотивы же их поступков не имеют ничего общего. Фактически, Маргарита борется за справедливость, которой она в конечном счете и добивается. В борьбе за справедливость Маргарита намного сильнее Мастера, ибо она есть носитель активной добродетели, которая ценится гораздо больше в божественных сферах, чем добродетель пассивная, умозрительная.

В этом главное отличие Маргариты от Мастера. Мастер после неудачи с публикацией романа и газетной травли быстро сдает свои позиции, он не умеет активно бороться со злом, ожидание репрессий и страх ареста парализуют как его творческую энергию, так и волю, он не только не может продолжать писать, но и сжигает уже написанное. Три месяца тюремного заключения совершенно сломили его, отбили охоту творить. Это конечно не вина Мастера, но главное не то, что он сдает свои позиции, а то, что он теряет веру в себя как в творческую личность. Единственное место, которое он себе уготавливает — сумасшедший дом. Именно эта неспособность к стойкости, а также и пассивная добродетель (Мастер, в отличие от Маргариты, не совершает ни одного акта самопожертвования или активной любви к ближнему — милосердия), приводит к тому, что, оказывается, Мастер не заслужил света, он заслужил лишь покой. Маргарита же, по всему заслужившая свет, должна остаться с Мастером, ибо любящий обязан разделить судьбу любимого.

И еще две черты характера, не присущие Мастеру, отмечаются автором у Маргариты: смелость и гордость. Маргарита не боится ни Сатаны, ни его свиты, гордость же ее проявляется в том, что она может просить лишь за других, но не за себя. Это качество становится явным в беседе Маргариты с Воландом и его свитой после бала, в беседе, которая фактически была испытанием Маргариты на эгоистические чувства и закончилась в ее пользу: — Мы вас испытывали, — продолжал Воланд, — никогда и ничего не просите! Никогда и ничего, и в особенности у тех, кто сильнее вас. Сами предложат и сами все дадут! Садитесь, гордая женщина!" Итак, Маргарита одерживает победу, спасает с помощью Воланда своего возлюбленного и восстанавливает справедливость. Но кто же такой Воланд, стоящий на страже справедливости и помогающий добродетельной Маргарите?

СВЕТ — ПОКОЙ — ТЬМА — НЕБЫТИЕ

То, что Сатана-Воланд и Сатана христианской, сказочной и литературной традиций не тождественны, становится ясным уже в начальных главах романа, а закончив его, мы не сомневаемся, что булгаковский Воланд — не только не привычный Диавол, но и во многом его антипод. Действительно, он никого не совращает, никого не подстрекает к совершению неправедных поступков, не стремится соблазнить людей на зло, не гоняется за душами и даже той единственной, которая добровольно идет на сделку с ним, не только не вредит, но дарует вечное счастье с любимым и вечную свободу.

Роль Воланда в романе не в том, чтобы сеять зло, а в том, чтобы его разоблачать. Именно разоблачением зла и заняты булгаковский Сатана и его свита в современной Москве. Разоблачается неверие людей в Бога, неверие, приводящее человека к нарушению заповедей и к карамазовскому тезису "все позволено", разоблачается алчность (председатель домкома Никанор Иванович Босой, заведующий буфетом театра Варьете Андрей Фокич Соков и др.), ложь, взяточничество, злоупотребление своим положением (администрация театра Варьете и др.), двурушничество, зависть, трусость, верноподданичество, предательство (московские писатели и критики, современный Иуда в миниатюре Алоизий Могарыч), двоеженство (Дунчиль и Семплеяров), наушничество и шпионство (барон Майгель), бюрократизм (Прохор Петрович, председатель Зрелищной комиссии, который вполне может быть заменен своим костюмом) и прочие мелкие и крупные массовые пороки и грехи современной Москвы. Иными словами, Воланд приносит зло провинившимся тем, что публично разоблачает их, то есть в конечном счете становится защитником добра, истины.

Отсюда можно было бы заключить, что булгаковский Сатана выступает в миру в роли Немезиды, однако материал романа явно сопротивляется этому, ибо возмездие Воланда какое-то в высшей степени эфемерное: большинство грешников, столкнувшихся с ним, отделывается скорее легким испугом, чем несут суровое наказание. После его отбытия живут и здравствуют Лиходеев, Римский, Варенуха, Семплеяров, Жорж Бенгальский, писатели и критики, валютчики и хапуги, и даже клеветник и доносчик Алоизий Могарыч, виновник несчастья Мастера, из-за которого последний оказался в тюрьме и в сумасшедшем доме, и тот не пропал, и не только не пропал, но и сейчас процветает в должности финдиректора театра Варьете.

Но, спросит читатель, разве не наказаны демагог Берлиоз, стукач Майгель, буфетчик-скряга Соков? Ведь их-то уже нет в живых? Но присмотримся к этому списку — слишком уж он неоднороден. Ну, демагог Берлиоз, ну, атеист, ну, повинен в грехе Пилата, но чем он хуже других членов МАССОЛИТа, почему именно его, а не, к примеру, Латунского, который и ныне жив и здоров, наказывает Воланд? А чем умерший от рака буфетчик хуже других процветающих хапуг и валютчиков? Разве что барон Майгель действительно фигура отвратительная и зловещая, погубившая, по-видимому, не одного человека и заслужившая сурового наказания. Но она явно несоизмерима с остальными членами списка.

Внимательнее перечитав роман, мы убеждаемся, что земная власть булгаковского Сатаны весьма и весьма невелика и ограничивается более или менее легкими трюками циркового характера, так что родственной Воланду мифологической сверхсилой является скорей не Немезида, а Буффонада. Смерть же Берлиоза и буфетчика он не подстраивает, а предсказывает. Начнем с буфетчика, к которому Воланд обращается с нескромным вопросом:

— Вы когда умрете?
Тут уж буфетчик возмутился.
— Это никому не известно и никого не касается, — ответил он.
— Ну да, неизвестно, — послышался все тот же дрянной голос из кабинета, — подумаешь, бином Ньютона! Умрет он через девять месяцев, в феврале будущего года, от рака печени в клинике Первого МГУ, в четвертой палате. (170)

Из этого диалога следует, что не Воланд и его свита распоряжаются жизнью и смертью людей на земле, они лишь знают когда и какой смертью человек умрет.

При встрече с Берлиозом на Патриарших прудах Воланда, знающего судьбу этого человека, поражает ироническое несоответствие законов бытия и понятий о них в рассуждениях редактора. Воланд не наказывает председателя МАССОЛИТа за атеизм, он просто открывает последнему, что с ним должно случиться и что по ироническому стечению обстоятельств послужит Берлиозу седьмым доказательством того, что не человек управляет собой, а кто-то другой, но этот другой вовсе не Воланд. Знаменательно, что самому Воланду требуется произвести в уме некоторые вычисления, чтобы объявить Берлиозу его судьбу:

> Он смерил Берлиоза взглядом, как будто собирался сшить ему костюм, сквозь зубы пробормотал что-то вроде: ”Раз, два... Меркурий во втором дворе... луна ушла... шесть — несчастье... вечер — семь...” — и громко и радостно объявил: — Вам отрежут голову! (17)

Только в третьем случае с доносчиком бароном Майгелем Воланд повинен в смерти последнего, да и то он ее не устраивает, а лишь на незначительное время ускоряет, ибо судьба Майгеля уже решена и без него:

> — Да, кстати, барон, — вдруг интимно понизив голос, проговорил Воланд, — разнеслись слухи о чрезвычайной вашей любознательности. Говорят, что она, в соединении с вашей не менее развитой разговорчивостью, стала привлекать общее внимание. Более того, злые языки уже уронили слово — наушник и шпион. И еще более того, есть предположение, что это приведет вас к печальному концу не далее, чем через месяц. Так вот, чтобы избавить вас от этого томительного ожидания, мы решили прийти к вам на помощь, воспользовавшись тем обстоятельством, что вы напросились ко мне в гости именно с целью подсмотреть и подслушать все, что можно. (222)

Таким образом, ни Воланд, ни его свита фактически никого не наказывают, и жизнь в Москве после их посещения существенно не изменяется. Действительная власть Воланда способна осуществляться только над умершим, только в ином мире, в загробной жизни ему дано судить их за грехи, карать или награждать в пределах его возможностей.

Это следует и из всей концепции Неземной Верховной Власти в романе. Она представляется Булгакову в виде двух сосуществующих равноправных и мирно сотрудничающих ведомств: ведомства света (добра) во главе с Иешуа Га-Ноцри и ведомства тьмы (зла) под началом Воланда. Оба ведомства равным образом подчинены Богу и графически образуют треугольник власти:

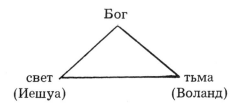

(Не этот ли символ — алмазный треугольник на крышке — замечают Берлиоз и Бездомный на портсигаре Воланда, а Лиходеев на крышке его золотых часов?) По мысли Булгакова, добро и зло (или свет и тьма) на земле сосуществуют и, более того, четко взаимосвязаны и не могут существовать друг без друга. Воланд пытается объяснить дихотомию добра и зла Левию Матвею, не понимающему такой зависимости:

...Ты произнес свои слова так, как будто ты не признаешь теней, а также и зла. Не будешь ли ты так добр подумать над вопросом: что бы делало твое добро, если бы не существовало зла, и как бы выглядела земля, если бы с нее исчезли тени? Ведь тени получаются от предметов и людей. Вот тень от моей шпаги. Но бывают тени и от деревьев и от живых существ. Не хочешь ли ты ободрать весь земной шар, снеся с него прочь все деревья и все живое из-за твоей фантазии наслаждаться голым светом? Ты глуп. (290)

Но, как явствует из романа, ни ведомство добра, ни ведомство зла не вмешиваются в земную жизнь и не меняют ее течения. Человеку при жизни дана полная свобода действий. Ведет его только вера в Бога (а вместе с ней и вера в суд после смерти) или его внутренний Бог — совесть, которая не дает человеку пойти против истины или против Божьих заповедей, а если он и нарушит их, мучает его и наказывает еще хуже, чем земная власть.

В романе яркий пример такого наказания совестью — судьба Понтия Пилата. Люди же, пошедшие на сделку с совестью или подавившие ее в себе, не мучаются из-за своих преступлений и не наказываются в земной жизни небесной властью — суд ждет их после смерти. Тем не менее совесть дается человеку при рождении, это как бы его путеводная звезда, то есть искони человек добр, поэтому и все люди — добрые. Совести можно не слушаться, забыть о ней, пойти с ней на сделку, сублимировать, но потерять ее нельзя. Поэтому Иешуа считает, что и Иуду, и Крысобоя, и любого палача и преступника можно вернуть на путь праведный, нужно лишь только должным образом поговорить с ним, воззвать к его совести. Если же человек умирает не раскаявшись в своих грехах, он попадает под суд Воланда, который и определяет ему кару.

Исходя из содержания романа, для человека определены следующие возможности после смерти: свет, тьма, покой и небытие. Первое состояние находится под эгидой Иешуа, три последних — Воланда. Иешуа, по мысли Булгакова, не способен ни наказывать, ни карать, он выступает лишь как дарующий прощение или спасение, то есть как сила, несущая абсолютное добро. Наказание же и кара — сфера Воланда. Таким простым образом предстает по Булгакову ”разделение труда” в высших сферах. Поэтому и Воланд у него превращается из традиционного творящего зло Сатаны в орудие Божьего правосудия, то есть, перефразируя гетевский эпиграф, Воланд, желая зла грешникам, совершает благо человечеству. Однако, как мы уже неоднократно отмечали, правосудие совершается лишь после смерти, поэтому, чтобы наградить Мастера и Маргариту покоем, Воланду приходится сначала послать Азазелло с заданием отравить их, ибо на земле он мало чем может им помочь.

Как же Воланд судит героев романа, которые предстают

перед ним? Начнем с Берлиоза. Казалось бы, приговор редактору толстого журнала и председателю московской литературной организации слишком строг: небытие. Весьма возможно, что он и повинен во всех массовых грехах современной Москвы, ибо как, избежав их, можно было достичь такого высокого положения в "управлении литературой"? Однако этот вопрос в романе обходится стороной, и карается Берлиоз за атеизм. Исходя из всей идеи романа, атеизм — не просто философская концепция, как это может сначала показаться, а еще один вид массового греха, приносящего вред не только совершающему его, но и окружающим. Атеизм — это в конечном счете прямое признание абсолютной свободы человека, неограниченной никакой Божественной властью. Человек распоряжается своей жизнью, отменяет и изменяет моральные и иные критерии, так что никаких эталонов поведения, никаких неизменных законов в принципе в его жизни нет, и отсутствует необходимость их строго соблюдать. Иными словами, абсолютной истины как таковой нет, а есть лишь земная власть, которая и диктует свои законы и устанавливает свои истины. С другой стороны, атеизм — это и философский тупик, нежелание даже и стремиться к духовному совершенству, ибо его нет, а есть совершенство техническое, физическое и интеллектуальное. И плох атеизм не в качестве личного греха, а в качестве массового, ибо атеистическое общество негласно санкционирует преступления против истины и человека. Сам Берлиоз как таковой не опасен, как и сам атеизм, опасно лишь нарушение общечеловеческой морали, к которой он может привести общество в целом. Отмечу, что я здесь говорю не о своем понимании зла атеизма, а пытаюсь истолковать то, что дает нам сам текст романа. Знаменательно, что Воланд воздает "каждому по вере его", то есть Берлиоз не будет жить после смерти, а великие преступники, пришедшие на бал, живут (хоть и раз в год), ибо они нарушили заповеди, но саму веру не отвергали. Вот что говорит Воланд Берлиозу по этому поводу:

...Вы всегда были горячим проповедником той теории, что по отрезании головы жизнь в человеке прекращается, он превращается в золу и уходит в небытие. Мне приятно сообщить вам, в присутствии моих гостей, хотя они и служат доказательством совсем другой теории, о том, что ваша теория и солидна и остроумна. Впрочем, ведь все теории стоят одна другой. Есть среди них и такая, согласно которой каждому будет дано по его вере. Да сбудется же это! Вы уходите в небытие, а мне радостно будет из чаши, в которую вы превращаетесь, выпить за бытие. (221)

Впрочем, в следующей главе мы увидим, что Берлиоз наказывается в основном не по причине своего атеизма как такового (незнание и несоблюдение и даже неверие в закон никак не исключает наличие в человеке чувства справедливости), но атеизма, приводящего к конкретным тяжким преступлениям.

Мастеру и Маргарите Воланд дарует покой. Отметим, что это не первоначальное его решение. Оба они ему симпатичны, особенно Маргарита, по просьбе которой он готов вернуть любовников в их старый подвал, чтобы все было как прежде. Но в жизни все как прежде не может быть или может быть только внешне. Внутренне Мастер стал другим человеком после того, как он побывал в тюрьме. О заключении Мастера говорится в романе глухо. Сами слова "арест" и "тюрьма" нигде не упоминаются, не упоминается и учреждение, занимающееся арестами, о нем говорится описательно в третьем лице: "они", или при помощи безличных форм глагола: "пришли", "увели", "допросили". Подробный рассказ об аресте, содержании в тюрьме, следствии Булгаков предусмотрительно выпускает, используя тонкий литературный прием — все, что Мастер поведал о своих несчастьях Ивану Бездомному было рассказано шепотом, так что никто (в том числе и всезнающий автор) не мог слышать его слов:

Голоса еще слышались в коридоре, и гость начал говорить Ивану на ухо так тихо, что то, что он рассказал, стало известно одному поэту только, за исключением первой фразы:
— Через четверть часа после того, как она покинула меня, ко мне в окно постучали... (122)

После того, что Мастер испытал, он не может стать прежним человеком, не может быть счастлив даже с Маргаритой, ибо утрачено самое дорогое, то, что являлось активной движущей силой его (и Маргариты) жизни и любви — воля к свободному творчеству. Маргарита понимает, кто виноват в такой перемене, опять выступают на арену таинственные "они":

Они опустошили тебе душу!.. Смотри, какие у тебя глаза! В них пустыня... А плечи, плечи с бременем... Искалечили, искалечили. (295)

Сам Мастер в разговоре с Воландом признается в своей неспособности к творчеству после пережитого:

— Так, стало быть, в арбатский подвал? А кто же будет писать? А мечтания, вдохновение?
— У меня больше нет никаких мечтаний и вдохновения тоже нет, — ответил Мастер... — меня сломали, мне скучно, и я хочу в подвал.
— А ваш роман, Пилат?
— Он мне ненавистен, этот роман, — ответил Мастер, — я слишком много испытал из-за него. (236)

Итак, Воланд возвращает Мастера и Маргариту в их подвальную квартиру, где они раньше были так счастливы. Однако сам Воланд приготовил для них кое-что получше. Хотя формально просьба за Мастера исходит от Левия Матвея, посланного Иешуа, Воланд предвидит ее. Об этом мы догадываемся из реплики Воланда, увидевшего Матвея, который выходил из стены башни:

— Ба! — воскликнул Воланд, с насмешкой глядя на вошедшего, — менее всего можно было ожидать тебя здесь! Ты с чем пожаловал незванный, но предвиденный гость? (290)

Как мы убеждаемся, ведомства не находятся в антагонизме и даже кооперируются по вопросу о судьбе Мастера. Левий Матвей сообщает Воланду, что Иешуа прочитал книгу Мастера и просит Воланда наградить его покоем. В данном случае желания обоих ведомств сходятся. О том, почему Мастер не заслужил света, а заслужил лишь покой, мы говорили выше. Однако покой, который приготовил для любовников Воланд, — покой особого толка, так сказать, покой активный, творческий, покой от московского общества карьеристов и критиков, бездарных литераторов, демагогов, предателей, хапуг, взяточников, валютчиков, лгунов, трусов. Мастер будет там писать свои романы, гулять с Маргаритой под вишнями, слушать музыку Шуберта. Нам остается только догадываться, что же при таком заманчивом покое представляет из себя свет. Покой, дарованный Мастеру, есть в то же время и символ идеального состояния для художника — полная свобода творчества и концентрация творческих усилий, отсутствие внешних помех какого бы то ни было рода. Недаром глава "прощение и вечный приют" заканчивается следующими словами возлюбленной Мастера:

> — Слушай беззвучие, — говорила Маргарита Мастеру, и песок шуршал под ее босыми ногами, — слушай и наслаждайся тем, что тебе не давали в жизни, — тишиной. (308)

Попробуем теперь в нескольких словах подвести итог булгаковской концепции мира, определяющей единство и стройность философского уровня романа. Автор верит, что в основе строения мира лежит абсолютная истина и справедливость. Эта вера подчеркивается словами Воланда: "Все будет правильно, на этом построен мир". Бог, стоящий во главе всего, осуществляет свою волю через два равноправных ведомства: ведомства Иешуа и ведомства Воланда. Первое имеет власть спасать и награждать, второе — судить и карать. Власть обоих ведомств осуществляется только в ином, загробном, существовании людей. Ни Иешуа, ни Воланд не вмешиваются в земные дела людей, не спасают и не карают их, предоставляя человеку полную свободу поведения и выбора. Грехи разделяются на личные, приносящие вред одному или нескольким лицам, и массовые — несущие гибель многим. Для современного советского общества такими массовыми грехами являются: грех Каифы (идейный фанатизм), грех Иуды (предательство ради наживы) и грех Пилата (трусость, сделка с совестью). Последний грех для современного советского строя Булгаков считает особенно тяжким — это грех русской интеллигенции — писателей, поэтов, художников, артистов, журналистов, философов, технической интеллигенции — не верящих в идеи коммунизма, но поддерживающих их из боязни рисковать карьерой и жизнью. Атеизм, насаждающийся в России после революции, по-видимому, сыграл в неспособности совладать с этим страхом немалую роль. Но любой грех рано или поздно будет разоблачен и справедливость восстановлена. На земле это делается историей, в высших сферах — сотрудничеством Иешуа и Воланда. Даже самый тяжкий грех может быть со временем прощен при условии, что грешник раскаялся в своем поступке при жизни и попытался каким-то образом компенсировать причиненный вред. Так Понтий Пилат, замученный угрызениями совести, в конце концов заслуживает свет. Спасти человека может лишь активная добродетель, не слова, а поступки, направленные на помощь ближнему, активная любовь к ближнему — милосердие. В наибольшей степени в романе этой добродетелью награждена Маргарита. По-видимому, она заслуживает света, но должна разделить участь Мастера по закону любви. Любопытная параллель такой судьбы — собака Пилата, не имевшая греха трусости, но обязанная с Пилатом делить двухтысячелетнее наказание:

> Если верно, что трусость — самый тяжкий порок, то, пожалуй, собака в нем не виновата. Единственно, чего боялся храбрый пес, это грозы. Ну что ж, тот, кто любит, должен разделить участь того, кого он любит. (306)

Маргарита должна разделить судьбу Мастера, который не заслужил света, а заслужил лишь покой, так как хоть и не губил других людей, но совершил акт трусости по отношению к самому себе — сжег свой роман и отрекся от творчества. Кроме того, Мастер не проявил активной любви к ближнему и не совершил никаких актов милосердия. Возможно, однако, что после соответствующего времени в покое, Мастер и Маргарита заслужат свет. Во тьму должны попасть все представители массовых грехов, не осознавшие их и не раскаявшиеся. Так представляется автору романа высшая справедливость, на которой построен мир.

САТИРИЧЕСКИЙ УРОВЕНЬ

В критической литературе о "Мастере и Маргарите" сатирические (московские) главы романа зачастую остаются в стороне или анализируются походя в связи с другими более важными, по мнению исследователей, вопросами. Такое положение вещей весьма парадоксально, ибо, без сомнения, именно эти главы составляют занимательный стержень романа, обеспечивающий ему популярность у массового советского читателя. Более того, сами философско-исторические и фантастические главы (притча об Иешуа и Пилате и бал у Сатаны) фабульно исполняют, с нашей точки зрения, по отношению к московским событиям подчиненную роль, являясь морально-этическим эталоном, по сравнению с которым оценивается современная московская жизнь, поступки и повадки ее представителей. По тематике сатирический материал романа можно разделить на две самостоятельные, хоть и во многом перекрещивающиеся, сюжетные коллизии: талантливого писателя и централизованной писательской организации (Мастер и МАССОЛИТ), и свободного человека и тоталитарной власти. Исторической параллелью к первой тематической коллизии является "Иешуа и иудейское духовенство", ко второй — "человек и имперская власть Рима".

МАСТЕР И МАССОЛИТ

> — Я впервые попал в мир литературы, но теперь, когда все уже кончилось и гибель моя налицо, вспоминаю о нем с ужасом!
>
> (Мастер)

Сатира Булгакова далека от желчи и сарказма, писатель скорее подтрунивает и высмеивает, нежели разит и бичует, — его сатира комическая, буффонадная, основными приемами которой являются обнаружение очевидных нелепостей, разоблачение двоемыслия персонажей, вскрывание противоречий между показным и реальным, между лицом и маской, доведение практикуемого обществом принципа до логического абсурда, саморазоблачение героев при попытке защитить себя и другие подобные средства комического осмеяния. Отметим, что такого рода сатира получила большое распространение в 20-х и 30-х годах и характерна, например, для Зощенко и Ильфа и Петрова. "Мягкая" сатира была также понятной реакцией на резкие выступления критики о вреде сатиры в социалистическом обществе, о ее антидемократической сути в новых исторических условиях.[12] Отсюда и другое своеобразное качество "мягкой" сатиры: ненавязчивость конечных выводов, уклонение от обобщений, использование различных приемов иносказания (эзопов язык) — то есть такое сатирическое осмеяние отдельных сторон действительности, выводы из которого и обобщения проницательный читатель должен сделать сам. Подобного рода "мягкая" сатира и использована Булгаковым при описании МАССОЛИТа и его членов.

Прежде всего бросается в глаза бездуховность членов московской писательской организации. Отсутствуют горячие литературные споры, обсуждения вопросов таланта и мастерства, публичные чтения отрывков или готовых произведений собратьям по ремеслу, разбор поэтических и прозаических шедевров на диспутах и семинарах и т. п. Сфера искусства и литературы вообще как бы и не касается литераторов, которые заняты в романе исключительно посюсторонними интересами, связанными с получением материальных льгот, едой, питьем и веселым времяпрепровождением. МАССОЛИТ, предоставляющий своим членам творческие отпуска, бесплатные поездки на рыбалку, квартиры в городе и дачи в Перелыгино, доступ в "Биллиардную" и в прекрасный лучший закрытый ресторан в городе, — недаром является объектом вожделения любого рядового московского обывателя:

Всякий посетитель, если он, конечно, был не вовсе тупицей, попав в Грибоедова, сразу же соображал, насколько хорошо живется счастливцам — членам МАССОЛИТа, и черная зависть начинала немедленно терзать его. И немедленно же он обращал к небу горькие укоризны за то, что оно не наградило его при рождении литературным талантом, без чего, естественно, нечего было и мечтать овладеть членским МАССОЛИТским билетом, коричневым, пахнущим дорогой кожей, с золотой широкой каймой, — известным всей Москве билетом. (49)

Но действительно ли литературный талант открывает дорогу москвичу в МАССОЛИТ? По-видимому, нет. Членские билеты получают разные втируши, пролазы, ловкачи, третьесортные исполнители "социальных заказов", правоверные партийные критики и литературные демагоги. Говорится об этом, понятно, не впрямую, но весь комплекс интересов МАССОЛИТских литераторов, их образ мышления, мелкая зависть к более преуспевающим, внутренние интриги, полное отсутствие литературных тем в их разговорах и, наоборот, обилие и красочность бесед о сижках, судачках а натюрель, яйцах кокотт, филейчиках из дроздов и шипящем в горле нарзане свидетельствует об отсутствии у них духовных запросов. Знаменательны также и их фамилии, говорящие о тех же неприглядных качествах, они не все так прозрачны, как, скажем, у Гоголя, но почти в каждой из них есть что-то приниженно-плебейское и фальшивое: беллетрист Бескудников, поэт Двубратский, Настасья Непременова, сочиняющая батальные морские рассказы под псевдонимом "Штурман Жорж", новелист Иероним Поприхин, сценарист Глухарев, романист Жукопов, представители поэтического подраздела МАССОЛИТа — Павианов, Богохульский, Сладкий, Шпичкин (контаминация Шпилькин и Спичкин) и Адельфина Буздяк (в фамилии которой, с одной стороны, слышится "пустяк", произнесенное с заложенным носом, а, с другой, по набору звуков что-то очень неприличное). Неужели все эти бездарно болтающие, жующие и пляшущие люди — восходящие звезды русской литературы, которым государство должно оказывать моральную и материальную поддержку? И как богата Москва талантами! Ведь в МАССОЛИТе три тысячи сто одиннадцать человек! Становится понятным после этого глумливый диалог Коровьева и Бегемота в последних главах романа, которые иронически проходятся насчет такой плодовитой организации:

— Ба! Да ведь это писательский дом. Знаешь, Бегемот, я очень много хорошего и лестного слышал про этот дом. Обрати внимание, мой друг, на этот дом! Приятно думать о том, что под этой крышей скрывается и вызревает целая бездна талантов.
— Как ананасы в оранжереях, — сказал Бегемот...
— Совершенно верно, — согласился со своим неразлучным спутником Коровьев, — и сладкая жуть подкатывает к сердцу, когда думаешь о том, что в этом доме сейчас поспевает будущий автор "Дон Кихота", или "Фауста", или, черт меня побери, "Мертвых душ!" А?
— Страшно подумать, — подтвердил Бегемот.
— Да, — продолжал Коровьев, — удивительных вещей можно ожидать в парниках этого дома, объединившего под своею кровлей несколько тысяч подвижников, решивших отдать беззаветно свою жизнь на служение Мельпомене, Полигимнии и Талии. Ты представляешь себе, какой поднимется шум, когда кто-нибудь из них для начала преподнесет читающей публике "Ревизора", или, на самый худой конец, "Евгения Онегина"! (284)

В романе тем не менее такие служители Мельпомены, Полигимнии и Талии и не упоминаются. Из всех литераторов в нем говорится о творчестве лишь двух: поэтов Ивана Бездомного и Александра Рюхина. И тот и другой работают по социальному заказу: Бездомный пишет антирелигиозную поэму, а Рюхин — стихи, прославляющие великие праздники и трудовые будни. В одном из эпизодов романа, в клинике Стравинского, Бездомный разоблачает двоемыслие Рюхина, который пишет одно, а думает другое, иными словами, служит не исскуству, а МАССОЛИТу за льготы и за обладание членским билетом. В частности, речь идет о "звучных стихах", сочиненных Рюхиным к празднику 1-го Мая: "Взвейтесь! да развейтесь!", которые идут вразрез с его постным лицом и кулацкой психологией. (Заметим, что в черновике романа цитируемая фраза была на два слова длинней: "Взвейтесь, да развейтесь, красные знамена"...).13 После того, как Бездомный его разоблачил и назвал бездарностью, Рюхин никак не может успокоиться, потому что знает, что слова Бездомного — правда. Саморазоблачение Рюхина передается автором в форме внутреннего монолога, под конец переходящего во внешний:

Да, стихи... Ему — тридцать два года! В самом деле, что же дальше? — И дальше он будет сочинять по нескольку стихотворений в год. — До старости? — Да, до старости. — Что же принесут ему эти стихотворения? Славу? "Какой вздор! Не обманывай-то хоть сам себя. Никогда слава не придет к тому, кто сочиняет дурные стихи. Отчего дурны? Правду, правду сказал! — безжалостно обращался к самому себе Рюхин, — не верю я ни во что из того, что пишу!.." (62)

Само отношение Рюхина к писательской деятельности подвергается в романе ироническому осмеянию. Даже осознав, что его стихи плохи, что пишет он исключительно ради материальной выгоды, выражая идеи глубоко ему чуждые, Рюхин все-таки не перестает считать литературный успех делом случая, удачливым поворотом колеса фортуны. Показательны его размышления о судьбе Пушкина и ревность к его славе, которую он как любой завистник-обыватель объясняет не талантом, а везением:

...«Вот пример настоящей удачливости... — тут Рюхин встал во весь рост на платформе грузовика и руку поднял, нападая зачем-то на никого не трогающего чугунного человека, — какой бы шаг он ни сделал в жизни, что бы ни случилось с ним, все шло ему на пользу, все обращалось к его славе! Но что он сделал? Я не постигаю... Что-нибудь особенное есть в этих словах: "Буря мглою..."? Не понимаю!.. Повезло, повезло! — вдруг ядовито заключил Рюхин и почувствовал, что грузовик под ним шевельнулся, — стрелял, стрелял в него этот белогвардеец и раздробил бедро и обеспечил бессмертие..." (62)

Попутно отметим использование в этом отрывке сатирического приема карикатурирования (Рюхин встает в позу памятника Пушкину), а также комического переосмысления исторических событий в духе сегодняшнего дня (Дантес выступает как белогвардеец, следовательно, Пушкина по логике следует причислить к "нашим", т. е. красным).

Итак, МАССОЛИТ, советская писательская организация, предстает в романе как банальнейшее буржуазное предприятие, основанное на принципе использования труда своих членов: организация дает заказ на темы, идеи и исполнение проекта, а члены, осуществляющие его, обеспечиваются за это соответствующими материальными наградами и привилегиями. Такое положение не следует путать с получением гонорара за уже готовую работу, ибо денежная оценка никак не меняет характера и достоинств произведения искусства, говоря словами Пушкина, "не продается вдохновенье, но можно рукопись продать". При МАССОЛИТовском же принципе социального заказа продается именно вдохновение, да еще с твердой, рассчитанной на среднего литератора, регламентацией: творческий отпуск на две недели (рассказ-новелла), или на один год (роман, трилогия). (Вспомним в связи с этим, что самому Булгакову над "Мастером и Маргаритой", хоть и с перерывами, пришлось работать около десяти лет). Социальный заказ в оценке автора предстает в романе не только как недопустимая практика, но практика в самой своей основе порочная. Мастер с горечью повествует о реакции редактора на свою книгу:

Он смотрел на меня так, как будто у меня щека была раздута флюсом, как-то косился на угол и даже сконфуженно хихикнул. Он без нужды мял манускрипт и крякал. Вопросы, которые он мне задавал, показались мне сумасшедшими. Не говоря ничего по существу романа, он спрашивал меня о том, кто я таков и откуда взялся, давно ли пишу и почему обо мне ничего не было слышно раньше, и даже задал, с моей точки зрения совсем идиотский вопрос: кто это меня надоумил сочинить роман на такую странную тему? (117)

Практика социального заказа приносила двойной вред: с одной стороны, убивая вдохновение, затормаживала, а порой и губила настоящие таланты; с другой, открывала широкое поле деятельности для бездарных, но усидчивых и правоверных писак, которые и представлены цветущим большинством в МАССОЛИТе. Председатель этой организации — Берлиоз, таким образом, вовсе не невинное создание, а критик, сумевший добиться ведущего положения в сложной атмосфере доносов и интриг и не только полностью разделяющий взгляды организации, но и планомерно проводящий их в жизнь. Вспомним, что роман начинается именно с упреков Берлиоза поэту Бездомному, не сумевшему справиться с заказанной для журнала антирелигиозной поэмой.

Председатель МАССОЛИТа и редактор толстого журнала Михаил Берлиоз — фигура вовсе не карикатурная, а, скорее, зловещая, несмотря на его внешнее благодушие и благообразие. Если согласиться, что вдохновение и талант от Бога, то Берлиоз оказывается главой ведомства, убивающего таланты, то есть работающего на кесаря, на сегодняшнюю земную власть. Поэтому талантливый Мастер и не может принять ни принципов писательской организации, ни ее сомнительных членов. Само слово писатель по ассоциации с ними становится для него оскорбительным:

> — Вы — писатель? — с интересом спросил поэт.
> Гость потемнел лицом и погрозил Ивану кулаком, потом сказал:
> — Я — мастер. (112)

Беда, однако, не только в том, что ассоциация писателей становится пристанищем приспособленцев и бездарностей, но и в том, что верховодят в ней активные ничтожества, готовые погубить любого мастера, невзирая на глубину его одаренности. Оригинальность, непохожесть на других становится в таких условиях не достоинством, а недостатком, тем более оригинальность мышления, т. е. инакомыслие, ересь по сравнению с принятой и узаконенной догмой, на страже которой стоит ударная группа ассоциации — официальные критики. Фактически главная сюжетная линия романа — это история неравной борьбы Мастера с МАССОЛИТовской критикой, его физическое поражение и духовная победа. Исторической параллелью к этой части романа является рассказ о борьбе Каифы и Синедриона против Иешуа. (Именно в этом плане следует сравнивать Мастера и Иешуа, а не только на том основании, что и у того и у другого есть ученик). Действительно, обе организации, и Синедрион и МАССОЛИТ, стоят на страже "самого верного" учения, не терпят "ереси" и готовы самым строгим образом расправиться с талантливым "еретиком". Возглавляет организацию "первосвященник" или "председатель", в романе — Каифа и Берлиоз. Ведь очевидный факт (оставшийся незамеченным всеми критиками), что редактор, к которому Мастер принес роман, — именно Берлиоз. Как и его архетип Каифа, он не хочет совершать грязное дело своими руками:

> Тут он засуетился, начал что-то мямлить и заявил, что самолично решить этот вопрос он не может, что с моим произведением должны ознакомиться *другие члены редакционной коллегии, именно критики Латунский и Ариман и литератор Мстислав Лаврович.* (117)

Не только в этом отрывке названные лица фигурируют как члены МАССОЛИТа. Лаврович упоминается в начале романа в разговоре завистливых литераторов, пришедших на собрание и в ожидании Берлиоза обсуждающих кто в скольких комнатах живет на дачах в Перелыгине: " — Лаврович один в шести, — вскричал Денискин, — и столовая дубом обшита!" Критик Латунский идет за гробом покойного Берлиоза среди других близких его соратников. Таким образом, то, что редактор Мастера и Берлиоз — одно лицо, не вызывает сомнений.

Травля Мастера начинается статьями Аримана "Враг под крылом редактора" и Лавровича, который предлагает "крепко ударить по пилатчине". Наконец появляется статья Латунского "Воинствующий старообрядец", по сравнению с которой, по словам Мастера, произведения Аримана и Лавровича могли считаться шуткою. Параллелью на историческом уровне романа к этим статьям являются выдвинутые Синедрионом обвинения против Иешуа Га-Ноцри в подстрекательстве к мятежу и разрушению храма в первом пергаменте.

После выхода статей, вероятно, и приходит Берлиозу мысль дать в своем журнале в художественной форме материалистический отпор вредным теориям и темам "воинствующего старообрядца". Так поэт Иван Бездомный получает заказ на антирелигиозную поэму об Иисусе Христе, с которым он не справился. Грустной иронией звучит в романе восклицание неискушенного в литературных интригах наивного Мастера, узнавшего, что Иван писал на ту же тему: "Потрясающее совпадение!"

О параллели Иуда — Алоизий Могарыч мы уже упоминали. То, что, как и Иуда, Могарыч был подослан, косвенно явствует из рассказа Мастера о том, как именно в те "безрадостные дни", "в то проклятое время" у него "неожиданно завелся друг". Он пришел в дом Мастера и отрекомендовался журналистом. Алоизий Могарыч, как и Иуда Иешуа, показался Мастеру очень добрым и любознательным человеком. Особенно поражала Мастера способность Алоизия понимать смысл газетных статей, а также его чутье по отношению к тому, что можно печатать, а что нельзя:

> ...Покорил меня Алоизий своею страстью к литературе. Он не успокоился до тех пор, пока не упросил меня прочесть ему мой роман весь от корки до корки, причем о романе он отозвался очень лестно, но с потрясающей точностью, как бы присутствуя при этом, рассказал все замечания редактора, касающиеся этого романа. Он попадал из ста раз сто раз. Кроме того, он совершенно точно объяснил мне, и я догадывался, что это безошибочно, почему мой роман не мог быть напечатан. Он прямо говорил: глава такая-то идти не может... (119)

Кончилась дружба тем, что Алоизий предал Мастера, написав жалобу куда следует с сообщением о том, что Мастер хранит у себя нелегальную литературу. В исторической части этот донос соответствует обвинению Иешуа в оскорблении власти во втором пергаменте. В результате Мастер попадает в тюрьму (возможно, в предварительное заключение для ведения следствия), а Могарыч получает за предательство его квартиру. Нигде не названная в романе организация, занимавшаяся расследованием по делу Мастера, соответствует тайной службе, следящей за осуществлением римской власти в Ершалаиме под руководством Афрания.

Однако далеко не все в современной жизни соответствует произошедшему в Ершалаиме. Современность куда неприглядней древности! Мастер гибнет, как и Иешуа, но Алоизий процветает, некому наказать нового Иуду, ибо и Пилата в Москве нет, Пилата, устыдившегося своей трусости. Нет Пилатова раскаяния, но есть Пилатов грех — "пилатчина", в которой повинны критики, обвинявшие в ней Мастера и подразумевавшие под ней, вероятно, что-то другое. Впрочем, искажения истины не проходят незамеченными, фальшь не загримируешь под искреннее чувство, и Мастеру не нужно было быть слишком проницательным, чтобы почувствовать ее в статьях своих недоброжелателей:

> Что-то на редкость фальшивое и неуверенное чувствовалось буквально в каждой строчке этих статей, несмотря на их грозный и уверенный тон. Мне все казалось, — и я не мог от этого отделаться, — что авторы этих статей говорят не то, что они хотят сказать, и что их ярость вызывается именно этим. (119—120)

В романе латунские, ариманы и лавровичи не раскаиваются. Но истина от этого не становится ложью. Погублена жизнь и любовь Мастера, но его духовное наследие, его творчество живо. Снова и снова повторяется судьба Иешуа, но слова не гаснут и рукописи не горят. Это и поддерживает в людях веру, что есть высшая справедливость, на которой построен мир, и рано или поздно настанет царство истины.

ЧЕЛОВЕК И ВЛАСТЬ

Московская писательская организация поступила с Мастером, как Синедрион с Иешуа — выдала его властям. Взаимоотношения "имперской" власти и человека всегда одинаковы, будь то власть римская, советская или какая-либо иная. К любой власти можно приспособиться, слиться с ней и даже стать ее орудием. Лишь одно неспособно на компромисс с ней — истина и подлинно художественное творчество, ее содержащее и утверждающее. Поэтому настоящее искусство так часто подавляется властью — оно содержит правду, неугодную ей. При любой власти "имперского" типа свобода творчества и официальная идеология — антиподы, и чем сильнее власть, тем это противоречие глубже. Отсюда неизвебжный закон подавления властью самого яркого, самобытного и оригинального, закон, действие которого слишком хорошо известно русскому читателю. Отюда же эпидемия верноподданичества и процветание посредственности, тайно завидующей независимому таланту. В таких условиях талант вообще перестает быть определяющим критерием писателя — ему на смену приходит принадлежность к организации, определяемая не художественными произведениями, а членским билетом. Ирония такого конфликта обыгрывается в комическом препирательстве Бегемота и Коровьева со "скучающей гражданкой", проверяющей удостоверения у входа в ресторан дома Грибоедова:

...Так вот, чтобы убедиться в том, что Достоевский — писатель, неужели же нужно спрашивать у него удостоверение? Да возьмите вы любых пять страниц из любого его романа, и без всякого удостоверения вы убедитесь, что имеете дело с писателем. Да я полагаю, что у него и удостоверения-то никакого не было! Как ты думаешь? — обратился Коровьев к Бегемоту.

— Пари держу, что не было, — ответил тот...

— Вы — не Достоевский, — сказала гражданка, сбитая с толку Коровьевым.

— Ну, почем знать, почем знать, — ответил тот.

— Достоевский умер, — сказала гражданка, но как-то не очень уверенно.

— Протестую! — горячо воскликнул Бегемот. — Достоевский бессмертен!

— Ваши удостоверения, граждане, — сказала гражданка.

— Помилуйте, это, в конце концов, смешно, — не сдавался Коровьев, — вовсе не удостоверением определяется писатель, а тем, что он пишет! (285)

Здесь мы видим применение очень тонкого сатирического приема — Коровьев прав на одном уровне, контролерша — на другом, но уровни эти комически пересечены, и серьезное передается в одежде балаганного — еще один из излюбленных трюков эзоповой речи в надежде сатирика на то, что шут, говорящий правду, традиционно не наказуем, в отличие от серьезного персонажа. Цель автора достигнута: и цензор не сможет запретить, и читатель не сможет не понять, тем более, что речь о социальном и политическом облике таких героев, как Бегемот и Коровьев, не может вестись серьезно, — герои ведь, так сказать, не от мира сего, да к тому же всесильны — не боятся ни милиции, ни ''того заведения'', которое нигде прямо по имени не названо, но везде присутствует и прекрасно функционирует, — недаром москвичи боятся его, как огня.

Тайная служба при любой ''имперской'' власти — необходимая организация, защищающая ее интересы. Ее все избегают, ненавидят и страшатся. Боязнь тайной службы перерастает у многих в болезнь и манию преследования, ибо не только виновные, но и любые люди могут быть арестованы. Именно эта болезнь поразила Мастера и заставила его сжечь рукопись. (С точки зрения среднего человека империи — вполне здравый предусмотрительный поступок. Может быть, он и спас жизнь Мастеру — в доме ничего предосудительного не нашли, и через несколько месяцев отпустили за отсутствием улик и по состоянию здоровья). В атмосфере наушничанья и тайных доносов люди боятся друг с другом разговаривать, боятся, что кто-нибудь их подслушает и обвинит в инакомыслии или преступных помыслах, ибо казнят в империях не только за дело, но и за слово. В исторической части романа вершиной такого патологического страха незримого присутствия подслушивающих доносчиков является разговор Пилата с начальником тайной римской службы Афранием, весь построенный на иносказательных намеках: приказ о казни Иуды облекается Пилатом в словесную оболочку приказа об охране его от возможной мести христиан.

В московской части романа постоянно ощущается зримое и незримое присутствие этой службы, ее принципов и ее методов. На первых страницах романа еще не переродившийся Иван Бездомный не обнаруживает ничего предосудительного в борьбе этой организации с инакомыслием и даже солидаризируется с ней:

> — Взять бы этого Канта, да за такие доказательства года на три в Соловки! (15)

(Невольно этой фразой Бездомный разоблачает и свое невежество. Возможно, что Канта он спутал с Квантом, одним из литераторов МАССОЛИТа).

При описании "нехорошей квартиры" упоминается, что в ней два года тому назад начались необъяснимые происшествия — из нее стали исчезать бесследно жильцы. Утром, протрезвившись и увидев на двери кабинета Берлиоза печать, Степа Лиходеев сразу же заключил, что Берлиоза арестовали и конечно же не по уголовному делу, а за политику. Весь дальнейший ход его мыслей свидетельствует о страхе перед всесильной службой, которая может привлечь и его как возможного соучастника. Лиходеев начинает лихорадочно перебирать в памяти свои взаимоотношения и разговоры с Берлиозом, прикидывая не было ли в них чего-нибудь крамольного в новом свете создавшейся ситуации:

> И тут закопошились в мозгу у Степы какие-то неприятнейшие мыслишки о статье, которую, как назло, недавно он всучил Михаилу Александровичу для напечатания в журнале. И статья, между нами говоря, дурацкая! И никчемная, и деньги-то маленькие...
> Немедленно вслед за воспоминанием о статье прилетело воспоминанье о каком-то сомнительном разговоре, происходившем, как помнится, двадцать четвертого апреля вечером тут же, в сто-

ловой, когда Степа ужинал с Михаилом Александровичем. То есть, конечно, в полном смысле слова разговор этот сомнительным назвать нельзя (не пошел бы Степа на такой разговор), но это был разговор на какую-то ненужную тему. Совершенно свободно можно было бы, граждане, его и не затевать. До печати, нет сомнений, разговор этот мог бы считаться совершеннейшим пустяком, но вот после печати... (69)

К помощи этой службы прибегают, когда хотят "разъяснить" человека: фининспектор Римский посылает Варенуху с телеграммами Лиходеева в учреждение, которому не дает названия, но Варенуха прекрасно понимает, куда его направляет начальник:

— Сейчас же, Иван Савельевич, лично отвези. Пусть *там* разбирают.
"А вот это действительно умно!" — подумал Варенуха и спрятал конверт в свой портфель. (91)

Когда посланный по делу Варенуха не вернулся, Римский не усомнился в том, что его арестовали, он только не мог понять причины ареста:

Римскому было известно куда он ушел, но он ушел и... не пришел обратно! Римский пожимал плечами и шептал сам себе:
— Но за что?! (98)

(Отметим, что данное в английском переводе "But, why?" не передает смыслового содержания подлинника, где последняя фраза элипсиса полностью восстанавливается как: Но за что его арестовали?) [14]
Римский боится даже звонить туда, куда ушел его помощник, наконец, уже вечером, "совершив над собой форменное насилие", он снимает трубку и с облегчением узнает, что телефон не работает.
С той же организацией сталкивается и председатель домового комитета Никанор Иванович, и опять автор не называет ее:

Попал он, однако, к профессору Стравинскому не сразу, а предварительно побывав *в другом месте.*

От *другого этого места* у Никанора Ивановича осталось в воспоминании мало чего. Помнился только письменный стол, шкаф и диван....

— Откуда валюту взял? — *задушевно спросили* у Никанора Ивановича. (131)

После беседы с Никанором Ивановичем арестовывают одного за другим всех членов домоуправления. Дядя Берлиоза, являющийся свидетелем ареста последнего члена, все сразу понимает и лишь вздыхает по поводу того, что ему не повезло — не с кем теперь поговорить насчет квартиры:

И тут в комнату вошел какой-то гражданин. При виде вошедшего сидящий за столом побледнел.

— Член правления Пятнажко? — спросил у сидящего вошедший.

— Я, — чуть слышно ответил тот.

Вошедший что-то пошептал сидящему, и тот, совершенно расстроенный, поднялся со стула, и через несколько секунд Поплавский остался один в пустой комнате правления.

”Эх, какое осложнение! И нужно ж было, чтоб их всех сразу...” — с досадой подумал Поплавский, пересекая асфальтовый двор и спеша в квартиру № 50. (161)

Показательно, что даже Маргарита вполне допускает, что ее могут арестовать из-за Мастера, и при встрече с Азазелло принимает его за энкаведешника:

...Вы хотите меня арестовать?

— Ничего подобного, — воскликнул рыжий, — что это такое: раз уж заговорил, так уж непременно арестовать! Просто есть к вам дело. (183)

Но Маргарита поначалу ему не верит и снова спрашивает: ”Скажите мне, кто вы такой? Из какого вы учреждения?”

"Имперский" тип власти силен не только своей хорошо организованной тайной службой. В условиях диктатуры "имперской" идеологии, признающей только белое и черное, чистых и нечистых, наших и врагов, расцветают клевета и доносы; анонимный звонок и подложное письмо признаются легальным материалом обвинения, вполне достаточным для ареста человека. Забавно, что свита Воланда быстро осваивает эти нормы московской жизни и с успехом пользуется приемами москвичей: Коровьев доносит на Босого, обвиняя его в хранении валюты, он же "разоблачает" Семплеярова как двоеженца во время сеанса. Последняя сцена сближает его с представителем известного учреждения, изобличающим в том же валютчика Дунчиля в главе "Сон Никанора Ивановича".

При "имперском" типе власти происходит строгое деление населения на три группы: правоверные, приспособленцы и инакомыслящие. Последние считаются врагами общества и подвергаются гонениям. Обвинение в инакомыслии становится более тяжким преступлением, чем уголовщина, "закон об оскорблении величества" в империях всегда строже закона о краже. Имперская власть становится врагом духовной свободы, творчества. А так как духовная свобода — неотъемлемое качество человеческой жизни — каждый может быть заподозрен. Поэтому пассивное приспособленчество оказывается недостаточным, оно должно быть активным, демонстративным, высказывания типа: "На свете не было, нет и не будет никогда более великой и прекрасной для людей власти, чем власть императора Тиверия!" и "За вас, за тебя, кесарь, отец римлян, самый дорогой и лучший из людей!" — типичны для любого тоталитарного уклада, меняются лишь имена тиранов. Типичны для тирании и слова человека, находящегося у нее на службе, вовлеченного в ее иерархическую структуру и снимающего с себя всякую личную моральную ответственность за ее действия, слова, произносимые в романе начальником тайной охраны Афранием: "Я лишь исполняю свой долг на имперской службе!" И, наконец, в тех же условиях тирании находятся редкие отважные люди, смеющие заявлять, что "имперская" власть, кем бы она ни была представлена, не может быть ни великой, ни прекрасной, ибо "всякая власть является насилием над людьми".

> — Но, меня, конечно, не столько интересуют автобусы, телефоны и прочая...
> — Аппаратура! — подсказал клетчатый.
> — ...сколько гораздо более важный вопрос: изменились ли эти граждане внутренне?
> — Да, это важнейший вопрос, сударь.
>
> (Разговор Коровьева с Воландом)

Власть властью, империя империей, а каждодневная жизнь людей идет своим чередом — люди спят, пьют, едят, работают, бездельничают, веселятся, стараются приспособиться к общественному строю и не только выжить, но и получить место потеплее, умело лавируя между законным и противозаконным. Экономические законы можно иногда и нарушить, главное — не ввязываться в политику. Типичный пример — оправдания Босого: "Брал, но брал нашими советскими! Прописывал за деньги, не спорю, бывало. ...Но валюты я не брал!"

Итак, жизнь людей идет своим чередом, и не политикой живет большинство, а неизменным древним лозунгом: "Хлеба и зрелищ!" И чем больше того и другого — тем лучше.

Театр Варьете — это в переносном смысле быт Москвы, представленный трагикомедией банальных мелочей, из которых он состоит: сплетни, измены, взятки, спекуляция, слухи, мелкие интриги, использование своего служебного положения, вранье, обжорство, ловкачество и прочие житейские приметы каждодневности. Все эти черты советского быта 20-х–30-х годов не раз служили объектом сатирического осмеяния и у Зощенко, и у Шишкова, и у Ильфа и Петрова, и у многих других сатириков и юмористов того времени. В романе Булгакова представлена и типичная склока в коммунальной квартире из-за того, что в уборной соседка не потушила свет, и ловкач-специалист по обмену комнат, умеющий расширять жилплощадь "без всякого третьего измерения", и управдом, прописывающий за взятку, и валютчики, и алиментщики, и никому не нужные бюрократы, за которых может производить дела пустой костюм, и разных профессий и рангов официальные лица, которые пьянствуют, вступают в связи с женщинами, используя свое положение, втирают начальству очки и зря гоняют казенную машину. Но если у юмористов двадцатых годов была тенденция выдать все эти недостатки за пережитки проклятого прошлого, отрыжки НЭПа, единичные случаи, то у Булгакова они представляются закономерным явлением. Московский "человек новой формации" в массе не отличается от любого другого обывателя в любой другой стране, древней ли, современной. Впрочем, нет. У него прибавилась одна новая проблема, не существовавшая в древности — проблема жилплощади. Недаром она проходит красной нитью через весь роман и связана чуть ли не со всеми его героями: тут и разговоры о квартирах и дачах в МАССОЛИТе, тут и претенденты на квартиру покойного Берлиоза во главе с его дядей, тут и Босой и его домоуправление, где "все воры", и рассказ Коровьева о специалисте по обмену, и рассказ Мастера о вселении в новую квартиру, нанятую у застройщика, где даже есть "раковина с водой" (ванны нет, ее позже пристроит Могарыч), и, наконец, несчастье, случившееся с Мастером из-за этой квартиры. Даже сам Воланд не успел прибыть в Москву, а уже столкнулся с этой проблемой: в гостинице он не хотел останавливаться, вот и пришлось его свите выдворять из частной квартиры Берлиоза и Лиходеева.

Итак, если не брать в счет новую проблему, люди социалистической формации, вопреки утверждениям их лидеров, ничем не отличаются от всех других до них существовавших, новой власти не удалось их изменить в лучшую сторону. По заключению Воланда, который когда-то давно уже побывал в Москве, москвичи очень мало изменились:

> — Ну что же, — ... — они — люди как люди. Любят деньги, но ведь это всегда было... Человечество любит деньги, из чего бы те ни были сделаны, из кожи ли, из бумаги ли, из бронзы или золота. Ну, легкомысленны... ну что ж... и милосердие иногда стучится в их сердца... обыкновенные люди... в общем, напоминают прежних... квартирный вопрос только испортил их... (103—104)

Заканчивая обзор сатирического уровня, отметим, что удельный вес бытовой (не социальной) сатиры, клоунады, комизма положений и характеров чрезвычайно высок в романе. Это создает общую атмосферу забавности при чтении его московских глав. Смешными кажутся все те ситуации, при которых возникают в сознании читателя знакомые картины быта и нравов, типа следующей:

— К курьерскому ленинградскому, дам на чай, — тяжело дыша и держась за сердце, проговорил старик.

— В гараж еду, — с ненавистью ответил шофер и отвернулся. (130)

Смешны умозаключения действующих лиц, в которых читатель находит скрытую иронию:

Он умен, — подумал Иван, — надо признаться, что среди интеллигентов тоже попадаются на редкость умные. Этого отрицать нельзя! (76)

Комичны гротескные сцены хорового пения (намек на то, что все в стране поют на один голос) и подписывающего бумаги костюма (бюрократ всегда остается бюрократом — он безлик). Забавна трескотня Коровьева и обидчивая щепетильность Бегемота. Занимательны сцены сеанса черной магии и разоблачения валютчиков. Многие словечки и фразы, содержащие комические противоречия, остаются в памяти у читателя, равно как и сатирические сцены. Наконец отметим частое присутствие чертыхания на страницах романа, характерное почти для всех его героев и часто используемое для создания иронического эффекта:

— Когда же Лиходеев едет в Ялту?

— Да он уж уехал, уехал! — закричал переводчик, — он, знаете ли, уже катит! Уж он черт знает где! (81)

Вспомним, что для того, чтобы узнать о судьбе Мастера, Маргарита готова ехать "хоть к черту на кулички", и что от Прохора Петровича остался один костюм после следующего его приказа об удалении котообразного посетителя:

"Вывести его вон, черти б меня взяли!" Чертыхание встречается даже в речи от автора в том же ироническом смысле, например, в описании полета Николая Ивановича, которого Наташа мазнула волшебным кремом: "Через несколько секунд, он, оседланный, летел куда-то к черту из Москвы, рыдая от горя".

ИСТОРИЧЕСКИЙ УРОВЕНЬ

(Роман Мастера)

> ...Историк по образованию, он еще два
> года тому назад работал в одном из москов-
> ских музеев...
>
> (Глава 13, "Явление героя")

Исторический уровень "Мастера и Маргариты" — это роман его героя, Мастера, об Иешуа и Понтии Пилате. Несмотря на то, что первую главу рассказывает Воланд (Булгаков этим как бы подчеркивает историческую достоверность романа Мастера), вторая приходит во сне к Ивану
(сон этот навеян Воландом), и только третья и четвертая
главы, читаемые Маргаритой, являются собственно руко-
писью Мастера, единство художественного исполнения этих
частей заставляет читателя воспринимать их как единое целое, принадлежащее перу одного и того же художника —
Мастера.

Заглавие романа Мастера нигде не дается впрямую, тем
не менее совершенно ясно, что оно — "Понтий Пилат". Сам
Мастер в беседе с Иваном Бездомным в клинике Стравинского упоминает о том, что он бросил в музее службу "и
начал сочинять роман о Понтии Пилате", а немного ниже
употребляет фразу: "Пилат летел к концу...". Но и без свидетельства Мастера ясно, что герой романа не Иешуа, а
именно Пилат, вернее, история его духовного перерожде-
ния, история о том, как жестокий римский прокуратор
стал христианином.

Жанр произведения Мастера — исторический роман. Чрезвычайно важно отметить, что сам Мастер по образованию и
профессии историк и, по-видимому, хорошо изучил эпоху,
политику, нравы и жизненный уклад как Иерусалима, так
и Римской империи; исторические события, отраженные в
Евангелии, — область его особого интереса. Как профессио-
нальный историк, верующий, нет ли, он привык основы-
вать свои умозаключения на исторических фактах, а не на
легендах и мифах. Своей художественной задачей Мастер
ставит воспроизведение на основе отрывочных и противо-

речивых, но исторически достоверных данных, ту реальность, которая отразилась в главах Нового Завета. При этом такие события, как непорочное зачатие, искушение Иисуса диаволом, превращение воды в вино, исцеление расслабленных, хождение по водам, воскрешение Лазаря и другие чудеса не принимались и не могли приниматься им как научно-правдоподобные. Разве что некоторые исцеления могли свидетельствовать о необычных способностях Иисуса как врача. Итак, Мастер подходил к материалам об Иисусе не как верующий, а как историк. Заметим, что дело здесь заключается лишь в подходе и правилах научного анализа, а не в вере, одно вовсе не исключает другого — просто история и религия — дисциплины разные. Как историку при воссоздании далекой действительности, Мастеру нужно было не только представить более или менее точную картину быта, политических и общественных отношений, нравов, речи, костюмов, обычаев и т. п., но и рассматривать события и поступки героев в перспективе причинно-следственных отношений. С другой стороны, Мастер писал не учебник истории, а роман, поэтому как художник он заботился не только об исторической, но и о психологической достоверности своих героев. Понтий Пилат вовлечен в определенные отношения с четырьмя лицами — Каифой, Иешуа, Афранием и кесарем — и стоит перед разрешением сложной моральной дилеммы: пойти против своей совести и осудить невинного Иешуа, или оправдать его и навлечь на себя гнев императора. При первом исходе дела восторжествует истина, при втором — трусость. Пилат делает свой выбор. Но на этом действие романа Мастера не кончается. Беседа с Иешуа во время допроса в чем-то изменяет Пилата (изменение это сначала происходит на интуитивном уровне), заставляет его взглянуть на себя, жизнь и мир по-другому. Бродячий философ казнен, но моральная проблема не решена, она просто перешла из внешнего мира в сердце Пилата. Преступление влечет за собой наказание совестью. Только раскаяние, новое для Пилата чувство, может избавить его от наказания и через страдания от угрызений совести вернуть ему душевный покой. Но это уже будет душевный покой не язычника, а христианина. Отметим, что Пилат становится даже лучшим учеником Иешуа, чем Левий Матвей, ибо ближе принимает идею раскаяния и прощения:

116

— Ты, я знаю, считаешь себя учеником Иешуа, но я тебе скажу, что ты не усвоил ничего из того, чему он тебя учил...

Ты жесток, а тот жестоким не был. (226)

Способность к раскаянию — начало духовного возрождения преступника. Лишь нераскаявшегося Иуду, забывшего о своем предательстве и спешащего на любовное свидание, ждет справедливая месть. Левий Матвей хотел зарезать Иуду, хотел посвятить этому делу остаток своей жизни. Однако Пилату пришлось его разочаровать:

— Это тебе сделать не удастся, ты себя не беспокой. Иуду этой ночью уже зарезали.

Левий отпрыгнул от стола, дико озираясь, и выкрикнул:

— Кто это сделал?

— Не будь ревнив, — оскалясь, ответил Пилат и потер руки, — я боюсь, что были поклонники у него и кроме тебя. (266)

Роман Мастера заканчивается картиной сна умиротворенного прокуратора, сердцем принявшего христианские нормы нравственности, знающего, что раскаяние уже не позволит ему вновь совершить подобное преступление. Пилата больше не мучает бессонница — он спит так, как спит человек с чистой совестью:

Прошел час. Левия не было во дворце. Теперь тишину рассвета нарушал только тихий шум шагов часовых в саду. Луна быстро выцветала, на другом краю неба было видно беловатое пятнышко утренней звезды. Светильники давным-давно погасли. На ложе лежал прокуратор. Положив руку под щеку, он спал и дышал беззвучно. Рядом с ним спал Банга. (267)

Еще раз заметим, что роман Мастера — произведение не религиозное, а историческое. Моральный конфликт, положенный в основу сюжета, — человек и его совесть, а не человек, осудивший Бога. Знаменательно, что и для Пилата и для Левия Матвея Иешуа — это только человек, а никак не

Бог. Да и сам Иешуа, в отличие от евангельского Иисуса, нигде не говорит о своих отношениях с Богом, нигде не намекает на свое богочеловечество. Наоборот, все его действия, все его высказывания свидетельствуют о том, что он даже и не подозревает о своей особой избранности. Наконец произносимые Иешуа философские сентенции не только не находят параллелей в Евангелии, но некоторые из них состоят даже в противоречии с канонизированными понятиями христианской религии, например, положение Иешуа об изначальной доброте любого человека. Все это говорит о том, что Иешуа и евангельский Иисус не идентичны, и взгляды, действия и поступки Иисуса не следует автоматически переносить на героя романа Мастера.[15]

Отношение Мастера к проблеме личности Иисуса Христа выражено не в его романе собственно, а за его пределами в двух высказываниях Воланда: "Имейте в виду, что Иисус существовал" и "ровно ничего из того, что написано в Евангелиях, не происходило на самом деле никогда, и если мы начнем ссылаться на Евангелия как на исторический источник..." Фраза эта не кончена Воландом, но ясно, что она негативного характера и требует примерно следующего продолжения: то мы окажемся в глупом положении. Вспомним, что обе фразы Воланда обращены к председателю МАССОЛИТа Берлиозу. Вторая фраза Воланда, между прочим, не вызывает возражений Берлиоза, так как "буквально то же самое" он говорил Бездомному, идя с тем по Бронной к Патриаршим прудам. Насчет же фразы о реальном историческом существовании Иисуса Христа у Берлиоза совсем другое мнение. Он считает, что Иисус — лицо в чистом виде выдуманное. Упрекая Бездомного за плохо выполненный заказ, Берлиоз пытается втолковать непонятливому поэту, "что главное не в том, каков был Иисус, плох ли, хорош ли, а в том, что Иисуса-то этого, как личности, вовсе не существовало на свете и что все рассказы о нем — простые выдумки, самый обыкновенный миф". Вероятно, по той же самой причине Берлиоз и отклоняет роман Мастера. К тому же роман вообще должен был показаться редактору крайне "несозвучным эпохе" — вместо антирелигиозной пропаганды и прославления нового героя — строителя социализма, какие-то несвоевременные описания Иерусалима, Пилата и Иешуа, непонятно какое отношение имеющих к текущей советской действительности. Даже не касаясь содержания романа Мастера, можно смело сказать, что сама его тема была для тридцатых годов совершенно неприемлема с точки зрения тогдашних идеологов литературы.

ФАНТАСТИЧЕСКИЙ УРОВЕНЬ

Фантастический уровень является цементом "Мастера и Маргариты" — он скрепляет его сатирическую (МАССОЛИТ и Варьете), историческую (роман Мастера) и романтическую (Мастер и Маргарита) части в единое тематическое целое. Полностью завершенные в реалистическом плане сюжетные линии (Иешуа казнят, Пилат засыпает, Мастер и Маргарита умирают, рукопись Мастера сгорает) на фантастическом уровне получают новое развитие и новые развязки: Пилат получает прощение и соединяется с Иешуа для мирной беседы, Мастеру и Маргарите даруется покой, рукопись оказывается несгоревшей.

С другой стороны, фантастический уровень — залог другого немаловажного для длинного романа качества, а именно — увлекательности. Сюда относятся не только все проделки Бегемота и Коровьева, но и превращение Маргариты в ведьму, ее ночной полет и купание в окружении русалок, ведьм и чертей и, наконец, сцены на балу у Сатаны.

Наконец собственные герои фантастического уровня в свою очередь претерпевают трансформацию. Бегемот из кота превращается в худенького юношу, демона-пажа, Коровьев — в темно-фиолетового рыцаря с мрачнейшим и никогда не улыбающимся лицом, а Азазелло — в демона-убийцу, демона безводной пустыни с пустыми и черными глазами и белым и холодным лицом.

Все эти черты фантастического уровня в эпилоге "Мастера и Маргариты" в свою очередь перетолковываются в реалистический план — их "где надо", говоря словами романа, "разоблачают" и "разъясняют": "Культурные люди стали на точку зрения следствия: работала шайка гипнотизеров и чревовещателей, великолепно владеющая своим искусством". Как и везде в романе реалистический уровень — это в то же время и уровень сатирический, отсюда и результаты следствия: было арестовано около ста котов и несколько десятков людей. В реалистическом плане объясняются и все сверхъестественные явления, происшедшие с героями московских глав.

ПОСЛЕСЛОВИЕ

Все вышеперечисленнные уровни текста были выделены для лучшего и детального их рассмотрения. На деле художественная ткань романа образуется посредством взаимодействия этих уровней, которое обусловливает и направляет читательское восприятие. Есть и еще одна важная черта рассмотренных нами уровней: все они — внутритекстовые, то есть художественная информация, получаемая читателем, заложена в самом тексте романа и не выходит за его рамки. Рассмотрением внетекстовых уровней я в данной работе не занимался, ибо именно внетекстовой аспект романа Булгакова наиболее хорошо разработан в критической литературе. К внешнетекстовым аспектам изучения можно отнести следующие:

1) Генеалогический уровень (история написания романа, черновики и варианты).

2) Источниковедческий уровень (какими источниками автор пользовался при написании романа).

3) Уровень взаимодействия с текстами литературных предшественников (влияния, аллюзии, перекличка, тематика, традиционные черты, вопросы жанра).

4) Биографический уровень (сходные события в жизни автора, возможные прототипы героев).

5) Уровень взаимодействия с действительностью (представление в завуалированной форме реально существовавших событий, лиц, организаций).

Например, отражение повальных арестов, фантастических судебных процессов, отъема валюты у населения; переименование реалий: МАССОЛИТ — РАПП, Перелыгино — Переделкино, дом Грибоедова — дом Герцена; намеки на реальные лица: Михаил Берлиоз — Леопольд Авербах, Латунский — Осаф Литовский и т. п.

Внетекстовые уровни несомненно способствуют более полному представлению как о тексте, так и его авторе, тем не менее они, с нашей точки зрения, все же вторичны по сравнению с уровнями внутренними.

ЗАКЛЮЧЕНИЕ

В заключение попытаемся отвлечься от особенного в романах и найти те самые общие черты, которые им обоим присущи.

И в том и в другом романе представлено столкновение художника с тиранией власти, диктатурой, которая ограничивает, а зачастую и убивает его творческую свободу. Героями обоих романов являются люди, значительные лишь в области своего творчества, в реальной жизни они представляются читателю во многих случаях непрактичными, слабовольными, безынициативными, как бы плывущими по течению, не пытающимися наладить свою личную и общественную жизнь.

Однако есть в них одна редкая для человека черта, которая роднит их, — бескомпромиссная честность, верность истине и преданность законам художественного творчества. Черта эта не считается в окружающем их обществе ни необходимой, ни достойной уважения — наоборот, она выступает непреодолимым препятствием на пути к духовной мимикрии, приспособлению к окружающей социальной среде, к литературе, к одобренному обществом стереотипу.

Ни Мастер, ни доктор не выступают в качестве собственно героических личностей, героев-борцов, героев-ниспровергателей. Их позиция на первый взгляд может показаться более чем скромной — они лишь отстраняются от участия в нечестной, не соответствующей их этическим принципам деятельности, лишь отказываются служить чуждой их духу идеологии. Но такая позиция в условиях тирании — большое геройство, геройство отказа от соблазна приобретения теплого местечка путем предательства истины, от соблазна получения власти через зло, наносимое другим. Отказ от власти через зло сам по себе подвиг преодоления соблазна, подвиг, продемонстрированный еще Христом на горе, где он был испытуем Сатаной. В условиях тирании этот подвиг становится геройством, ибо тирания всегда рассматривает нонконформизм как саботаж, а инакомыслящего как врага. В этом плане как Мастера, так и Юрия

Живаго характеризует геройство иметь свое мировоззрение, геройство, оказавшееся крайне нетипичным для русского интеллигента двадцатого века. Отстранение от фарисейства в житейском плане, в плане творческом оборачивается верностью искусству, умением отстоять свою духовную независимость. Ни в "Докторе Живаго", ни в "Мастере и Маргарите" тирания не терпит поражения — с уходом героев из жизни все в ней остается на своих местах, фарисейство процветает так же, как и раньше, но количество людей, противостоящих ему, увеличилось, жизнь человека, не пошедшего на сделку с совестью, стала еще одним примером человечеству, еще одним указателем направления на пути к царству истины. Творчество Мастера и Живаго — их духовный вклад в человеческое самосознание — живо и вечно.

При всей разнице судеб Мастера и Живаго в конечном счете Высший суд, будь то история или Бог, обеспечивает бессмертие их духу, выраженному в их творчестве; и в душах их учеников их правда торжествует над неправдой эпохи.

Сходные черты в "Юрии Живаго" и "Мастере и Маргарите" обнаруживаются и на более узком идейно-тематическом уровне. Оба романа ставят и разрешают чрезвычайно важную проблему о кардинальном разграничении греха личного, касающегося лишь данного человека, и греха массового, приносящего несчастье другим. Собственно единичным личным грехом героев в обоих романах является их "незаконная", с точки зрения общества, любовь. Однако, при ближайшем рассмотрении характера отношений героев, можно увидеть, что "закон общества", в целом вполне справедливый, был создан не для них, не на основе подобных случаев, а для обуздания голой похоти, распутства, сознательного обмана ради минутного телесного наслаждения. Их же любовь другая, основанная не на распутстве, а на духовной близости. Важно, что при подобной ситуации в сознании героев происходит столкновение двух принципов — верности истине и верности общественному житейскому правилу. Истина же в том, что они любят, а не срывают цветы удовольствия, а посему и выпадают из-под действия общественного закона, ибо любовь не равна прелюбодеянию. Свести любовь Юрия к Ларе к прелюбодеянию способно лишь мышление пошляка, втайне завидующего оборотистости героя, — мол, вот как хорошо устроился — одна баба в Варыкино, другая в Юрятине. С той же точки зрения по-фарисейски может быть осуждена и Маргарита — живет припеваючи, делает все, что душа пожелает, нигде не работает, имеет молодого богатого мужа, да впридачу еще и любовника из писателей. Заметим, что подобные обвинения (или тайная зависть?) имели бы основание, если бы герои были вполне довольны сложившейся ситуацией. Но в том-то и дело, что они отнюдь не довольны, наоборот, готовы поплатиться всем ради сохранения любви.

В случае Мастера и Маргариты ситуация предстает не такой уж неразрешимой: Маргарите лишь нужно обо всем рассказать мужу, но даже это для нее — женщины честной и добродетельной — представляется трудным — ведь ей придется обидеть человека, который ее любит. У Юрия с Ларой положение значительно труднее — долг перед семьей может его удержать, он мучается сложившейся ситуацией и, вероятно, уступил бы долгу, если бы обстоятельства не сложились по-иному. Но и живя с Ларой, он мучается своей виной, тем, что этой связью он отталкивает от себя ребенка (эти мучения отражены в символическом сне Живаго, в котором ему представляется, что он держит ручку двери, не пуская кричащего и плачущего сына в дом). Но даже не пытаясь оправдать героя, даже признавая в нем отсутствие воли и решительности, даже считая его поведение недостойным и греховным на бытовом уровне, нельзя не понять, что самая главная черта его характера — верность истине — предотвращает его от совершения греха более страшного, чем нарушение супружеской верности — греха причинения зла ближнему на основе безнаказанности преступления во имя идеи, принятой и одобренной стоящей у власти тиранией.

Неучастие в массовом грехе выделяет героев обоих романов из всех других действующих лиц, они единственные, не идущие на компромисс. Ими руководит не классовое самосознание, а общечеловеческое, не революционное, а христианское, и христианское, конечно, не на обрядном и догматическом уровне, а на уровне человеческой этики. Поэтому грешные в малом герои обоих романов по большому счету оказываются единственными праведниками из всех окружающих, тонущих в фарисействе и изменяющих истине ради благополучия или из-за страха.

Возвращаясь к сходным чертам "Доктора Живаго" и

"Мастера и Маргариты" на уровне любовной интриги, отметим, что как для Мастера, так и для Юрия Живаго, любовь — чувство возвышающее, облагораживающее, дающее силы, зовущее к творчеству. Мужские образы обоих романов в этом смысле довольно близки. Несколько иначе обстоит дело с женскими образами. Маргарита оказывается намного активнее Лары в своей борьбе за любимого человека, в этом плане слова героя стихотворения Живаго "Август", обращенные к любимой женщине, — "Я — поле твоего сраженья", по ситуации более применимы к Маргарите, нежели к Ларе, ибо Лара совершает ошибку, бросая Юрия и уезжая с Комаровским, а Маргарита борется за Мастера до конца. Правда и у Маргариты была подобная ошибка, когда она оставила Мастера одного ночью, той самой ночью, когда его арестовали, правда и у Лары была важная причина склониться к отъезду — спасение ребенка, тем не менее активная борьба за близкого человека, "бросание вызова бездне унижений" характерны лишь для Маргариты. То, что обе они выбирают путь, выражаясь в литературных понятиях, не пушкинской Татьяны, а толстовской Анны, становится для идеологической стороны романов чертой в целом второстепенной. Намного важнее осознание обеими героинями духовной близости по отношению к своим любимым, а не только физической привязанности.

И, наконец, самая главная черта, роднящая оба романа и столь несвойственная этому жанру в советскую эпоху — их христианская этика. Какими бы еретическими или эзотерическими ни представлялись читателю христианские взгляды героев, самое главное в христианстве ими было понято правильно, это главное — верность истине, вера в исконную доброту человека, любовь к ближнему, отказ от насильственных методов насаждения добра, отказ от участия в каком бы то ни было массовом грехе. Все остальное — второстепенно, а без указанных принципов и несущественно, ибо если не соблюдается главное, какой толк в приверженности к второстепенному? Для героев романов христианство — прежде всего этика, философия человеческого поведения, а потом уже догма вероисповедания. Поэтому такой важной становится для них человеческая сторона Христа, архетипичность его человеческих поступков, нежели его божественное происхождение или творимые им чудеса. Человек никогда не сможет пройти по воде как по суху, но он сможет повторить человеческие деяния Христа. Верность Христу для героев обоих романов — это верность его этике, нарушая которую человек теряет свое человеческое, становится волком. Если такая метаморфоза не всегда заметна в жизни, она поразительно ясно выдает себя косвенно, в творчестве. Художник, предавая этические принципы христианства (или любого другого соразмерного по этике учения), неисповедимо каким образом и почему, теряет талант и перестает быть художником. Подтверждение этому — десятки судеб русских советских писателей. У художника, не желающего перестать им быть, в борьбе с тиранией нет выбора — духовная мимикрия — его смерть, интеллектуальная независимость — спасение. Спастись в условиях диктатуры трудно, осознавать себя одиночкой среди фарисеев — мучительно, пойти по дороге приспособленчества — губительно. Сдача и гибель советского писателя — какая типичная тема для нашего века. Сдача не только в жизни, но, главное, в творчестве. Однако бывает и несдача — художники не подчиняются тирании — остаются верными себе и даже сами гибнут, но произведения их остаются жить. Истина торжествует. Рукописи не горят.

ПРИМЕЧАНИЯ

ПРИМЕЧАНИЯ К "ДОКТОРУ ЖИВАГО"

1. Негативные оценки романа можно найти в следующих публикациях:
Lionel Abel, "Letter to Nicola Chiaramonte," *Dissent*, V (Autumn, 1958), 334-341; Isaak Deutscher, "Pasternak and the Calendar of the Revolution," *Partisan Review* XXVI (Spring 1959), 248-266; Edgar H. Lehrman, "A Minority Opinion on *Doctor Zhivago*," *Emory University Quarterly* XVI (Summer 1960), 11-84; R. H. Powers, "Ideology and *Dr. Zhivago*," *Antioch Review* XIX (Summer 1959), 224-236; Richard G. Stern, "Doctor Zhivago," *The Kenyon Review* (Winter 1959), 154-160; Phillip Toynbee, *Twentieth Century* (October 1958), 404-406; Edward Wasiolek, "Courage but not Excellence," *Chicago Review* XIII (Winter-Spring 1959), 77-83. См. также дискуссии по этим оценкам в работах: Gleb Struve, "Sense and Nonsense about *Doctor Zhivago*," *Studies in Russian and Polish Literature*, Mouton, The Hage, 1962, 229-250; Jerald Zaslove, *"Doctor Zhivago* and the Obliterated Man: The Novel and Literary Criticism," *Journal of Aesthetics and Art Criticism* 26 (1967), 65-80; Ronald Hingley, *Pasternak,* Knopf, New York, 1983, 224-230; Irving Howe "Freedom and the Ashcan of History," in *Pasternak Modern Judgements,* ed. D. Davie and A. Livingstone, Macmillan, 1969, 259-268.

2. См. высказывание Пастернака о романе из интервью для итальянского еженедельника "Висто" (Visto) от 6 июня 1959 года: "Доктор Живаго" знаменует собой попытку написать роман совершенно новым стилем, свободным от традиционных эстетических и литературных условностей... Другими словами, книга не предназначена для читателей, не имеющих специальной подготовки". Цитируется по английскому переводу, приведенному в статье: Gleb Struve, "Sense and Nonsense about *Doctor Zhivago*," *Studies in Russian and Polish Literature in Honor of Wacław Lednicki,* Mouton, 1962, 233.

3. Все цитаты приводятся здесь по изданию: Борис Пастернак. *Доктор Живаго,* Ann Arbor, The University of Michigan Press, 1959.

4. Приведенные высказывания Миши Гордона явились причиной раздражения премьер-министра Израиля Давида Бен-Гуриона, заклеймившего роман как "одну из самых презренных книг о евреях, когда-либо написанных человеком еврейского происхождения". См. Guy de Mallac, *Boris Pasternak,* University of Oklahoma Press, Norman, 1981, 242.

5. См. полную невероятного материала книгу Mary F. Rowland and Paul Rowland, *Pasternak's Doctor Zhivago,* Southern Illinois University Press, 1967.

6. Bodin, Per Arne. *Nine Poems from Doktor Zhivago. A Study of Chris-

tian Motifs in Boris Pasternak's Poetry. Stockholm Studies in Russian Literature 6, Stockholm, 1976. Davie, Donald. *The Poems of Dr. Zhivago.* Barnes and Noble, New York, 1965.

7. Bodin, P. A. "Pasternak and Christian Art" in *Boris Pasternak. Essays.* Stockholm Studies in Russian Literature 7, ed. Nils Ake Nilsson, Almqvist & Wiksell, Stockholm, 1976, 203-214. Gifford, Henry. Chapter 13: "The Poems of Yury Zhivago," in his book *Pasternak,* Cambridge University Press, 1977, 198-213. Lamont, Rosette C. " 'As a Gift...' Zhivago the Poet," *PMLA* 75, no. 5 (December 1960), 621-633. Muchnic, Helen. Chapter 6: "Boris Pasternak and the Poems of Yurii Zhivago," in her book *From Gorky to Pasternak,* New York, 1979, 341-404. Müller, Ludolf. "Die Gedichte des Doktor Shivago," *Neue Sammlung* 3 (1969), 1-16. Nilsson, Nils Ake. "Life sa Ecstasy and Sacrifice: Two Poems by Boris Pasternak," in *Pasternak. A Collection of Critical Essays,* ed. Victor Erlich, Prentice-Hall, 1978, 51-67. Obolensky, Dimitri. "The Poems of Doctor Zhivago," *Slavonic and East European Review,* XC, no. 94 (December 1961), 123-135, the same in Russian: Оболенский Д. Д. "Стихи доктора Живаго", *Сборник статей, посвященных творчеству Б. Л. Пастернака,* Мюнхен, 1962, 103—104. Reeve, F. D. *"Doctor Zhivago:* From Prose to Verse," *The Kenyon Review* XXII, no. 1 (Winter 1960), 123-136. Ржевский Л. Д. Глава VI: "Тайнопись как форма творческого самораскрытия", в его книге: *Прочтение творческого слова,* New York University Press, 1970, 152-172.

8. Rowland, Mary and Paul. *Op. cit.*

9. См. комментарии к этому стихотворению в книге: Donald Davie. *Op. cit.,* 59-68.

10. См. Bodin, Obolensky, Muchnik, Řzevsky, *Op. cit.*

ПРИМЕЧАНИЯ К "МАСТЕРУ И МАРГАРИТЕ"

1. "There is a feeling that Bulgakov just failed to place the keystone on his philosophical construct," M. V. Glenny, "Michail Bulgakov," Survey 65 (October 1967), 13.

2. См. библиографию работ по роману в конце книги. В качестве исключения отмечу работы более или менее общего характера, ока-

завшиеся наиболее плодотворными и важными для данного исследования: И. Виноградов. "Завещание мастера", *Вопросы литературы* № 6 (июнь 1968), 43—75; В. Лакшин, "Роман М. Булгакова "Мастер и Маргарита", *Новый мир* № 6, 1968, 284—311; Л. Ржевский, "Пилатов грех", *Новый журнал* № 90, 1968, 60—80; Г. Эльбаум, *Анализ иудейских глав "Мастера и Маргариты" Булгакова,* Ардис/Анн Арбор, 1981.

3. О мениппеовой сатире смотрите обстоятельную и добросовестную работу Э. Проффер, в которой автор сама говорит о невозможности полностью отнести роман к данному жанру: E. Proffer, "Bulgakov's *The Master and Margarita:* Genre and Motif," *Canadian Slavic Studies* 3, no. 4 (Winter 1969), 615-628. См. также E. Proffer "The Master and Margarita," in *Major Soviet Writers: Essays in Criticism,* ed. E. J. Brown (New York, 1973), 388-394.

4. S. Hoisington, "Fairy-Tale Elements in Bulgakov's *The Master and Margarita," SEEJ* 25, no. 2 (1981), 44-55.

5. Здесь и далее в тексте я буду писать Мастер с большой буквы, ибо такое написание представляется мне более удобным для критического исследования.
Ewa M. Thompson, "The Artistic World of Michail Bulgakov," *Russian Literature* 5 (1973), 61.

6. D. G. B. Piper, "An Approach to Bulgakov's *The Master and Margarita,"* Forum for Modern Language Studies 7, no. 2 (April 1971), 134-157.

7. На тему Фауста в "Мастере и Маргарите" написана прекрасная статья, показывающая, что по этому пути дальше идти не следует. См. Elisabeth Stenbock-Fermor. "Bulgakov's *The Master and Margarita* and Goethe's *Faust," Slavic and East European Journal* 13, no. 3 (Fall 1969), 309-325.

8. Очень толковая, прекрасно аргументированная работа, привлекающая массу интересных источников, написана на тему соответствий и различий между иудейскими главами романа и новозаветными, историческими и литературными источниками. Одна из лучших работ по роману. См. Генрих Эльбаум. *Анализ иудейских глав "Мастера и Маргариты" М. Булгакова.* Адрис/Анн Арбор, 1981.

9. См. об этом Val Bolen. "Theme and Coherence in Bulgakov's *The Master and Margarita," Slavic and East European Journal* 16, no. 4 (1972), 427-435.

10.   Данные соображения взяты из работы Б. Гаспарова, который находит в "Мастере и Маргарите" параллели, аллюзии и ассоциации с громадным количеством русских и зарубежных произведений. Некоторые из этих аллюзий представляются мне произвольными и неправдоподобными. См. Борис Гаспаров. "Из наблюдений над мотивной структурой романа М. А. Булгакова "Мастер и Маргарита", *Slavica Hierosolymitana* 3 (The Hebrew University, 1978), 198-251.

11.   Все цитаты приводятся по изданию: Михаил Булгаков. *Избранное*, Художественная литература, Москва, 1980.

12.   См. "Struggle against Satire in the USSR" в моей докторской диссертации *Mixail Zoščenko as Humorist and Satirist: A Structural Approach*, University of California, Berkeley, 1981, 189-199.

13.   См. М. Чудакова. "Творческая история романа М. Булгакова *Мастер и Маргарита", Вопросы литературы* № 1, 1976, 228.

14.   См. перевод *The Master and Margarita*, Grove Press, New York, 1967, tr. by Mirra Ginzburg.

15.   Об этом подробно см. Г. Эльбаум, *Указ. соч.*, 10—52.

БИБЛИОГРАФИЯ ПРОЧИТАННЫХ РАБОТ

ПО "ДОКТОРУ ЖИВАГО"

Arndt, Walter. "Dr. Zhivago—Freedom and Unconcern." *South Atlantic Bulletin* 25 (May, 1959): 1–6.

Birnbaum, Henrik. *Doktor Faustus und Doktor Schiwago.* Lisse: Peter de Ridder, 1976.

Bodin, Per Arne. *Nine Poems from Doktor Zhivago: A Study of Christian Motifs in Boris Pasternak's Poetry.* Stockholm Studies in Russian Literature, no. 6. Stockholm: Almqvist and Wiksel, 1976.

Bowman, Herbert. "Postrscript on Pasternak" in *Major Soviet Writers,* ed. Edward J. Brown, Oxford University Press, 1973, 138-45.

Davie, Donald. *The Poems of Doctor Zhivago.* New York: Manchester University Press, Barnes and Noble, 1965.

Davie, and Angela Livingstone, eds. *Pasternak: Modern Judgements.* Introduction by Donald Davie. London: Macmillan, 1969.

Dyck, J. W. *Boris Pasternak.* World Authors Series, no. 225. Boston: Twayne, 1972.

Erlich, Victor. "The Concept of the Poet in Pasternak." *Slavonic and East European Review* 37 (June, 1959): 325-35.

Erlich, Victor. " 'Life by Verses': Boris Pasternak." In Victor Erlich. *The Double Image.* Baltimore: Johns Hopkins Press, 1964.

Erlich, Victor, ed. *Pasternak: A Collection of Critical Essays.* Englewood Cliffs, N. J.: Prentice-Hall, 1978.

Fortin, Rene E. "Home and the Uses of Creative Nostalgia in *Doctor Zhivago." Modern Fiction Studies* 20 (1974): 203-9.

Gerschenkron, Alexander. "Notes on Doctor Zhivago." *Modern Philology* 58 (February, 1961): 194-200.

Gibian, George. "The Climax with *Doctor Zhivago."* In George Gibian. *Interval of Freedom: Soviet Literature During the Thaw, 1954-1957.* Minneapolis: University of Minnesota Press, 1960.

Gifford, Henry. "Doctor Zhivago: A Novel in Prose and Verse." In *The Novel in Russia: From Pushkin to Pasternak.* New York: Harper and Row, Colophon Books, 1965.

Gifford, Henry. *Pasternak: A Critical Study.* New York: Cambridge University Press, 1977.

Gupta, Nolini Kanta. "Boris Pasternak. An Indian Viewpoint," *The Russian Review,* XXIX, no. 3 (July, 1960): 248-53.

Hayward, Max. "Pasternak's *Dr. Zhivago." Encounter* (May, 1958): 38-48.

Hingley, Ronald. *Pasternak,* New York: Knopf, 1983.

Jackson, Robert L. *"Doctor Zhivago* and the Living Tradition." *Slavic and East European Journal* 4 (1960): 103-18.

Lamont, Rosette C. " 'As a gift. . .' Zhivago, the Poet," *PMLA*, LXXV, v (December, 1960), 621-33.

Lehrman, Edgar H. "A Minority Opinion on Doctor Zhivago," *Emory University Quarterly*, XVI (1961), 77-84.

Livingstone, Angela. "Allegory and Christianity in *Doctor Zhivago.*" *Melbourne Slavonic Studies* 1 (1967): 24-33.

Mallac, Guy de. *Boris Pasternak. His Life and Art.* Norman: University of Oklahoma Press, 1981, 285-356.

Markov, Vladimir. "Notes on Pasternak's *Dr. Zhivago.*" *Russian Review* 18 (January, 1959): 14-22.

Masing-Delic, Irene. "Zhivago as Fedorovian Soldier," *The Russian Review* 40, no. 3 (July, 1981): 300-16.

Mathewson , Rufus W., Jr. "Pasternak: 'An Inward Music.' " In *The Positive Hero in Russian Literature.* 2d ed. Stanford: Stanford University Press, 1975.

Muchnic, Helen. "Boris Pasternak and the Poems of Yurii Zhivago." In *From Gorky to Pasternak: Six Writers in Soviet Russia.* New York: Random House, 1961.

Müller, Ludolf. "Pasternak. Doktor Schivago," in the book *Der russische Roman,* ed. Bodo Zelinsky and August Bagel Verlag, Dusseldorf, 1979, 354-80.

Nilsson, Nils Ake. "Life as Ecstasy and Sacrifice: Two Poems by Boris Pasternak." *Scando-Slavica* 5 (1959): 180-98.

Nilsson, Nils Ake, ed. *Boris Pasternak: Essays.* Stockholm: Almqvist and Wiksell, 1976.

Obolensky, Dimitri. "The Poems of Doctor Zhivago." *Slavonic and East European Review* 40 (December, 1961): 123-25.

Reeve, F. D. "Doctor Zhivago: From Prose to Verse," *The Kenyon Review,* XXII, no. 1 (Winter, 1960): 123-36.

Rowland, Mary F., and Paul Rowland. *Pasternak's Doctor Zhivago.* Preface by Harry T. Moore. Carbondale: Southern Illinois University Press, 1967.

Ржевский, Л. "Роман "Доктор Живаго" Б. Пастернака. Стиль и замысел", в его книге: *Прочтение творческого слова.* New York University Press, 1970, 83-192.

Sajkovich, Miriam Taylor. "Notes on Boris Pasternak's *Doctor Zhivago,*" *Slavic and East European Journal,* New Series IV, XVIII (1960): 319-30.

Sendich, Munir. "Pasternak's *Doctor Zhivago:* An International Bibliography of Criticism (1957-1974), *Russian Language Journal* 30, no. 105 (Winter, 1976): 109-52.

Struve, Gleb. "Sense and Nonsense About *Doctor Zhivago.*" In *Studies in Russian and Polish Literature in Honor of Waclaw Lednicki,* ed. by Z. Foleiewski et al. The Hague: Mouton, 1962.

Wain, John. "The Meaning of *Dr. Zhivago.*" *Critical Quarterly* 10 (1968): 113-37.

Wasiolek, Edward. *"Courage but not Excellence,"* *Chicago Review,* XIII (1959), 77-83.

Wilson, Edmund. "Doctor Life and His Guardian Angel." *New Yorker,* November 15, 1958, 213-38.

Wilson, Edmund. "Legend and Symbol in *Doctor Zhivago.*" *Encounter* 12 (June, 1959): 5-16; *Nation,* April 25, 1959, 363-73. Reprinted with postscript in Edmund Wilson. *The Bit Between My Teeth: A Literary Chronicle of 1950-1965.* New York: Farrar, Straus and Giroux, 1965.

Zander, L. A. "Filosofskie temy v romane Pasternaka Doktor Zhivago" ("Philosophical Themes in Pasternak's Novel *Doctor Zhivago*"). *Vestnik russkogo studencheskogo dvizheniia (Herald of the Russian Christian Student' Movement)* 52 (1959): 36-44; 53 (1959): 37-48.

Zaslove, Jerald. "*Dr. Zhivago* and the Obliterated Man: The Novel and Literary Criticism." *Journal of Aesthetics and Art Criticism* 26 (1967): 65-80.

БИБЛИГОРГАФИЯ ПРОЧИТАННЫХ РАБОТ

ПО ''МАСТЕРУ И МАРГАРИТЕ''

На русском языке:

Белза И. Ф. ''Генеалогия 'Мастера и Маргариты' '', *Контекст 1978,* Москва, 1978, 156—248.

Виноградов И. ''Завещание мастера'', *Вопросы литературы* № 6 (июнь 1968), 43—75.

Вулис А. Послесловие к роману М. Булгакова ''Мастер и Маргарита'', *Москва* № 11 (ноябрь 1966), 127—130.

Гаспаров Борис. ''Из наблюдений над мотивной структурой романа М. А. Булгакова ''Мастер и Маргарита'', *Slavica Hierosolymitana,* The Hebrew University, Jerusalem, 1978, v. 3, 198-251.

Гус М. ''Горят ли рукописи'', *Знамя,* 1968, кн. 12, 213—220.

Краснов А. ''Христос и Мастер, о посмертном романе М. Булгакова ''Мастер и Маргарита'', *Грани* № 71—73, 1969.

Лакшин В. ''Роман М. Булгакова ''Мастер и Маргарита'', *Новый мир* № 6, (июнь 1968), 284—311.

Макаровская Г., Жук А. ''О романе М. Булгакова ''Мастер и Маргарита'', *Волга* № 6, 1968, 161—181.

Плетнев Р. ''О 'Мастере и Маргарите' '', *Новый журнал* № 92, 1968, 150—160.

Ржевский Л. ''Пилатов грех'', *Новый журнал* № 90, 1968, 60—80.

Симонов К. Вступительная статья к роману М. Булгакова ''Мастер и Маргарита'', *Москва* № 11 (ноябрь 1966), 6—7.

Симонов К. ''Разговор с товарищами'', *Вопросы литературы* № 9 (1968), 77—144.

Скорино Л. ''Лица без карнавальных масок'', *Вопросы литературы* № 6, 1968, 25—42.

Утехин Н. ''Мастер и Маргарита'' М. Булгакова (об источниках действительных и мнимых)'', *Русская литература* № 4 (1979), 89—109.

Чудакова М. ''Творческая история романа М. Булгакова ''Мастер и ''Маргарита'', *Вопросы литературы* № 1 (1976), 218—253.

Эльбаум Г. *Анализ иудейских глав ''Мастера и Маргариты'' М. Булгакова,* Ardis, Ann Arbor, 1981.

Яновская Л. *Творческий путь Михаила Булгакова.* Советский писатель, Москва, 1983.

На других языках:

Beaujour, Elizabeth K. "The Uses of Witches in Fedin and Bulgakov." *Slavic Review* 33, no. 4 (December 1974): 695-707.

Beatie, Bruce and Powell, Phyllis. "Story and Symbol: Notes toward a Structural Analysis of Bulgakov's *The Master and Margarita,*" *Russian Literary Triquarterly,* no. 15 (1978): 219-51.

Bolen, Val. "Theme and Coherence in Bulgakov's *The Master and Margarita,*" *Slavic and East European Journal* 16, no. 4 (Winter 1972), 427-37.

Delaney, Joan. "*The Master and Margarita:* The Reach Exceeds the Grasp," *Slavic Review* 31, no. 1 (March 1972): 89-100.

Edwards, T. R. N. *Three Russian Writers of the Irrational. Zamyatin, Pil-n'yak, and Bulgakov.* Cambridge University Press, 1982.

Ericson, Edward. "The Satanic Incarnation: Parody in Bulgakov's *The Master and Margarita.*" *Russian Review* 33, no. 1 (January 1974): 20-36.

Glenny, Michael. "Mikhail Bulgakov," *Survey,* no. 65, 1967, 3-14.

Haber, Edith. "The Mythic Structure of Bulgakov's *The Master and Margarita.*" *Russian Review* 34, no. 4 (October 1975): 382-409.

Hoisington, Sona. "Fairy-Tale Elements in Bulgakov's *The Master and Margarita.*" *Slavic and East European Journal* 25, no. 2 (1981): 44-55.

Jovanovich, Milivoje. *Utopija Mihaila Bulgakova.* Beograd, 1975.

Karaś, Justina. *Proza Michala Bulhakowa z zagadnień poetyki.* Polska Akademia Nauk, Warszawa, 1981.

Kejna-Sharratt, Barbara. "Narrative Techniques in *The Master and Margarita.*" *Canadian Slavonic Papers* 16, no. 1, (Spring 1974): 1-13.

Leatherbarrow, W. J. "The Devil and the Creative Visionary in Bulgakov's *The Master and Margarita.*" *New Zeland Slavonic Journal,* no. 1 (1975): 29-45.

Levin, Volker. *Das Groteske in Michail Bulgakovs Prosa.* Verlag Otto Sagner in Kommission, München, 1975.

Lowe, David. "Bulgakov and Dostoevsky: A Tale of Two Ivans." *Russian Literature Triquarterly,* no. 15 (1978): 253-62.

Mahlow, E. *Bulgakov's The Master and Margarita, The Text as a Cipher.* New York, 1975.

Natoff, Nadine. "Structural and Typological Ambivalence of Bulgakov's Novels Interpreted Against the Background of Baxtin's Theory of 'Grotesque Realism' and Carnivalization." *American Contributions to the Eighth International Congress of Slavists,* (Columbus, Ohio: Slavica), 1978, v. 2, 536-49.

Piper, D. "An Approach to Bulgakov's *The Master and Margarita.*" *Forum for Modern Language Studies* 7, no. 2 (April 1971): 134-57.

Pope, Richard. "Ambiguity and Meaning in *The Master and Margarita:* The Role of Afranius." *Slavic Review* 36, no. 1 (March 1977): 1-24.

Proffer, Ellendea. "Bulgakov's *The Master and Margarita:* Genre and Motif." *Canadian Slavic Studies* 3, no. 4 (Winter 1969): 615-28.

Proffer, Ellendea. "The Master and Margarita," in *Major Soviet Writers: Essays in Criticism,* ed. E. J. Brown, New York, 1973, 388-94.

Proffer, Ellendea. "On *The Master and Margarita." Russian Literature Triquarterly,* no. 6 (1973): 533-67.

Proffer, Ellendea. *An International Bibliography of Works by and about M. Bulgakov.* Ardis, Ann Arbor, 1976.

Proffer, Ellendea. *Bulgakov.* Ardis, Ann Arbor, 1984.

Stenbock-Fermor, E. "Bulgakov's *The Master and Margarita* and Goethe's *Faust." Slavic and East European Journal* 13, no. 3 (Fall 1969): 309-25.

Thompson, Ewa. "The Artistic World of Mikhail Bulgakov." *Russian Literature* 5 (1973): 54-64.

Wright, A. C. "Satan in Moscow: An Approach to Bulgakov's *The Master and Margarita." PMLA* 88, no. 5 (October 1973): 1162-72.

Wright, A. C. *Mikhail Bulgakov, Life and Interpretations.* University of Toronto Press, 1978.

ЭРМИТАЖ

В 1984 ГОДУ ВЫ МОЖЕТЕ ПРИОБРЕСТИ В НАШЕМ ИЗДАТЕЛЬСТВЕ:

АВЕРИНЦЕВ, Сергей. ''Религия и литература''. (143 с., статьи)	7.00
АКСЕНОВ, Василий. ''Аристофаниана с лягушками''. (Пьесы, 380 с.)	11.50
АКСЕНОВ, Василий. ''Право на остров''. (Рассказы, 180 с.)	7.00
АРАНОВИЧ, Феликс. ''Надгробие Антокольского''. (180 с., 80 илл.)	9.00
АРМАЛИНСКИЙ, Михаил. ''После прошлого''. (Стихи, 110 с.)	5.50
БРАКМАН, Рита. ''Выбор в аду''. (О творч. Солженицына, 144 с.)	7.50
ВАЙЛЬ, Петр. ГЕНИС, Александр. ''Современная русская проза''. (192 с.)	8.50
ВИНЬКОВЕЦКАЯ, Диана. ''Илюшины разговоры''. (145 с., 50 илл.)	7.50
ВОЛОХОНСКИЙ, Анри. ''Стихотворения''. (160 стр.)	8.00
ГИРШИН, Марк. ''Убийство эмигранта''. (Роман, 145 с.)	7.00
ГУБЕРМАН, Игорь. ''Бумеранг''. (Стихи. 120 с. Рис. Д. Мирецкого)	6.00
ДОВЛАТОВ, Сергей. ''Заповедник''. (Повесть, 128 стр.)	7.50
ДОВЛАТОВ, Сергей. ''Зона''. (Повесть, 128 с.)	7.50
ЕЗЕРСКАЯ, Белла. ''Мастера''. (Сборн. интервью. 15 илл.)	8.00
ЕЛАГИН, Иван. ''В зале Вселенной''. (Стихи, 212 с.)	7.50
ЕФИМОВ, Игорь. ''Архивы Страшного суда''. (Роман, 320 с.)	10.50
ЕФИМОВ, Игорь. ''Как одна плоть''. (Роман, 120 с.)	6.00
ЕФИМОВ, Игорь. ''Метаполитика''. (250 с.)	7.00
ЕФИМОВ, Игорь. ''Практическая метафизика''. (340 с.)	8.50
ЗЕРНОВА, Руфь. ''Женские рассказы''. (160 с.)	7.50
КЛЕЙМАН, Людмила. ''Ранняя проза Федора Сологуба''. (220 стр.)	14.00
КОРОТЮКОВ, Алексей. ''Нелегко быть русским шпионом''. (Роман, 140 с.)	8.00
ЛОСЕВ, Лев. ''Закрытый распределитель''. (Очерки, 190 стр.)	8.00
ЛУНГИНА, Татьяна. ''Вольф Мессинг — человек-загадка''. (270 с., 15 илл.)	12.00
МЕРЕЖКОВСКИЙ, Дмитрий. ''Маленькая Тереза''. (230 стр., илл.)	9.50
МИХЕЕВ, Дмитрий. ''Идеалист''. (Роман, 224 с.)	8.50
НЕИЗВЕСТНЫЙ, Эрнст. ''О синтезе в искусстве''. (Альбом, 60 илл.)	12.00
ОЗЕРНАЯ, Наталия. ''Русско-английский разговорник''. (170 с.)	9.50
ПАПЕРНО, Дмитрий. ''Записки московского пианиста''. (208 с., 20 илл.)	8.00
ПОПОВСКИЙ, Марк. ''Дело академика Вавилова''. (280 с., 20 илл.)	10.00
РАТУШИНСКАЯ, Ирина. ''Стихи''. (На русском, англ., фран., 140 стр.)	8.50
РЖЕВСКИЙ, Леонид. ''Бунт подсолнечника''. (Роман, 240 с.)	8.50
СВИРСКИЙ, Григорий. ''Прорыв''. (Роман, 560 с.)	18.00
СУСЛОВ, Илья. ''Рассказы о т. Сталине и других товарищах''. (140 с.)	7.50
СУСЛОВ, Илья. ''Выход к морю''. (Рассказы, 230 с.)	8.50
УЛЬЯНОВ, Николай. ''Скрипты''. (Статьи, 230 с.)	8.00
ЧЕРТОК, Семен. ''Последняя любовь Маяковского''. (128 с.)	7.00
ШТЕРН, Людмила. ''Под знаком четырех''. (Повести, 200 стр.)	8.50
ШТУРМАН, Дора. ''Земля за холмом''. (Статьи, 256 с.)	9.00

Заказы отправлять по адресу:

HERMITAGE, 2269 Shadowood Dr., Ann Arbor, MI 48104

К сумме чека добавьте 1.50 дол. на пересылку (независимо от числа заказываемых книг). При покупке трех и более книг — скидка 20%.

ОБ АВТОРЕ

Михаил Крепс родился и вырос в Ленинграде, учился и работал по обе стороны Атлантического океана. Окончил Ленинградский университет в СССР и университет Беркли в США, преподавал языки и литературу в Ленинградском педагогическом институте им. Герцена, в университетах Беркли и Стенфордском. Михаил Крепс — автор ряда работ по русской литературе, в том числе докторской диссертации о технике комического у Зощенко и книги "О поэзии Иосифа Бродского". В настоящее время Михаил Крепс — профессор славистики Бостонского колледжа.

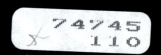

ISBN 0-938920-55-3